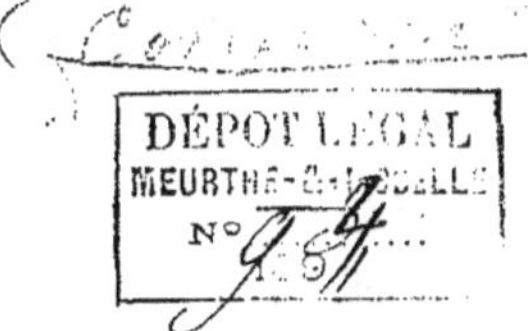

INSTRUCTION

SUR LA

PROCÉDURE A SUIVRE

DEVANT LES

CONSEILS DE PRÉFECTURE

—

LOI DU 22 JUILLET 1889

PARIS

BERGER-LEVRAULT ET Cie, LIBRAIRES-ÉDITEURS

RUE DES BEAUX-ARTS, 5

MÊME MAISON A NANCY

—

1891

INSTRUCTION

SUR LA

PROCÉDURE A SUIVRE

DEVANT LES

CONSEILS DE PRÉFECTURE

LOI DU 22 JUILLET 1889

PARIS

BERGER-LEVRAULT ET Cie, LIBRAIRES-ÉDITEURS

RUE DES BEAUX-ARTS, 5

MÊME MAISON A NANCY

1891

INSTRUCTION SUR LA PROCÉDURE

A SUIVRE

DEVANT LES CONSEILS DE PRÉFECTURE

(Loi du 22 juillet 1889.)

————

Paris, le 31 juillet 1890.

Monsieur le Préfet,

Une année vient de s'écouler depuis la promulgation de la loi du 22 juillet 1889 sur la procédure à suivre devant les conseils de préfecture.

J'ai cru devoir attendre, pour vous adresser des instructions sur cet objet, que la loi eût été complétée par le règlement d'administration publique pour l'établissement du tarif des dépens, prévu par l'article 67, et que la première application des dispositions nouvelles eût fait connaître les principaux points qui pouvaient soulever des difficultés d'interprétation.

Un certain nombre de vos collègues m'ont, en effet, adressé des demandes d'avis, auxquelles il a été répondu par dépêches particulières. La présente instruction ne fait que coordonner ces explications et leur donner une portée générale.

La procédure des conseils de préfecture était régie jusqu'ici, en dehors de quelques dispositions insérées dans des lois spéciales, par le décret du 12 juillet 1865, qui s'était borné à des indications sommaires.

La pratique et la jurisprudence ont développé ces règles. Mais il était à désirer qu'un texte plus complet répondît au vœu formulé, dès 1865, par le législateur et dont les circonstances ont retardé l'accomplissement.

Comme vous le savez, la loi actuelle reproduit, en y apportant certaines modifications, un projet élaboré par le Conseil d'État en 1870.

Elle s'est attachée spécialement à organiser la procédure des preuves et des moyens de vérification : expertises, enquêtes, visites sur lieux, interrogatoires, vérifications d'écritures, pour lesquelles elle a emprunté les dispositions du Code de procédure civile, en les adaptant à l'esprit de la procédure dministrative, plus simple et moins assujettie aux formalités multiples et souvent onéreuses de la procédure ordinaire. ●

Elle supprime, en règle générale, la tierce expertise, qui ne subsiste plus qu'en matière de contributions directes.

Tout en maintenant le caractère essentiel de l'instruction administrative qui est d'être écrite, elle développe le principe posé par le décret du 30 décembre 1862, qui a établi la publicité des audiences. Ainsi, le droit est reconnu d'une manière générale aux parties de présenter des observations orales, sans la nécessité d'une demande préalable, sauf pour les procédures spéciales, auxquelles les anciennes règles continuent d'être appliquées.

Enfin la loi du 22 juillet 1889 accentue encore la tendance des lois antérieures, qui ont peu à peu dégagé la juridiction administrative de l'administration active. Elle donne au président du conseil de préfecture la direction de l'instruction et lui confère des attributions directes pour la taxe des frais et les constats urgents.

La loi se divise en six titres, dont j'aborderai successivement l'examen, en suivant l'ordre des articles.

TITRE Ier.

Introduction des instances et mesures générales d'instruction.

ARTICLE PREMIER.

Dépôt de la requête. — L'article 1er règle les formes du dépôt de la requête.

Les requêtes introductives d'instance concernant les affaires sur lesquelles le conseil de préfecture est appelé à statuer par la voie contentieuse doivent être déposées au greffe du conseil, sauf disposition contraire contenue dans une loi spéciale.

Ces requêtes sont inscrites, à leur arrivée, sur le registre d'ordre, qui doit être tenu par le secrétaire-greffier ; elles sont en outre marquées, ainsi que les pièces qui y sont jointes, d'un timbre indiquant la date de l'arrivée.

Le secrétaire-greffier délivre aux parties, qui en font la demande, un certificat constatant l'arrivée au greffe de la réclamation et des différents mémoires produits.

Registre d'ordre. — La nécessité de la tenue d'un registre d'ordre général n'implique pas l'interdiction de registres particuliers pour chaque nature d'affaires. C'est là une question d'organisation intérieure des greffes.

Timbre d'arrivée des requêtes et des pièces jointes. — L'obligation de frapper d'un timbre spécial d'arrivée les pièces parvenues au greffe résultait déjà de l'article 1er du décret du 12 juillet 1865. Néanmoins cette prescription a été parfois perdue de vue dans certains départements et a dû être rappelée par l'un de mes prédécesseurs dans une circulaire du 26 août 1878. (*Bulletin officiel du Ministère de l'intérieur*, 1878, p. 369.)

Je ne puis que me référer à ces instructions en insistant sur l'importance de cette formalité, qui peut servir à constater la recevabilité des réclamations.

Si les pièces destinées au greffe du conseil de préfecture étaient adressées directement à vos bureaux, vous voudriez bien prendre les mesures nécessaires pour qu'elles soient transmises immédiatement au greffe, de manière que la date du timbre de la préfecture concorde avec celle qui sera apposée par le greffier.

Installation du greffe. — La loi nouvelle impose à cet auxiliaire du conseil des obligations importantes et multiples. Pour la sécurité des dossiers, le classement des pièces, la commodité des plaideurs, il est désirable que le secrétaire-greffier puisse se consacrer entièrement à ses fonctions spéciales, et que, dans tous les cas, il soit installé dans un local séparé, autant que le comporte l'aménagement des bureaux de la préfecture.

ART. 2.

Forme de la requête. Timbre. — Le conseil ne peut être saisi que par une requête signée par le demandeur ou son mandataire muni d'un pouvoir régulier, sauf ce qui est dit à l'article 8.

Bien que l'article 2 ne mentionne pas l'obligation du timbre, aucun doute ne peut exister sur l'intention du législateur. En effet, si l'article 3 en exempte expressément les copies destinées à être notifiées aux parties en cause, cette exception n'est pas applicable à la requête introductive d'instance, qui reste soumise à la règle générale posée dans les articles 12, paragraphe 4, et 24 de la loi du 13 brumaire an VII.

D'autre part, l'article 1er de la loi nouvelle reproduit l'article 1er du décret du 12 juillet 1865, sous l'empire duquel l'obligation du timbre a toujours été reconnue. Enfin, le rapport de M. Léon Clément au Sénat porte expressément que la requête doit être soumise à la formalité du timbre, à moins qu'elle n'en soit dispensée par une disposition spéciale de la loi.

Cette obligation est imposée aux requêtes des départements, communes, établissements publics. L'État seul en est dispensé même dans les instances relatives à ses intérêts privés. Mais cette exemption accordée à l'État, en vertu de l'article 80 de la loi du 15 mai 1818, ne doit pas s'étendre, ainsi que l'a reconnu M. le ministre des finances (Circ. du ministre des travaux publics du 22 août 1889. *V. Annexes*), aux demandes en dégrèvement de contributions directes. Ces demandes, régies par une disposition spéciale de la loi du 21 avril 1832, ne sont exemptes du timbre que lorsqu'elles ont pour objet une cote moindre de 30 fr. (*C. d'État* 6 *mars* 1861 *et* 13 *mars* 1862.)

La forme de la requête n'a rien de sacramentel.

Les mentions prescrites par l'article 2 ne sont même pas exigées à peine de nullité ; elles peuvent être remplacées par des équivalents ou suppléées par le juge, ainsi que le déclare l'exposé des motifs. (*Journal officiel* du 16 juin 1870.)

Mais il est indispensable que la requête soit écrite et déposée au greffe avec la signature du demandeur ou de son mandataire. Le Conseil d'État déclare non recevables les requêtes dépourvues de signature.

Le conseil de préfecture ne peut statuer que dans les limites des conclusions de la requête.

ART. 3.

Copies des requêtes. — L'article 3 édicte une disposition nouvelle pour éviter au défendeur le déplacement qui lui était imposé antérieurement en vue de prendre au greffe connaissance de la demande. Elle oblige l'administration, comme les particuliers, à fournir autant de copies de la requête qu'il y a de défendeurs ayant un intérêt distinct.

Le nombre de ces copies est fixé par le conseil, mais l'obligation de fournir des copies ne s'étend pas aux pièces annexées à la requête.

S'il n'est pas fourni de copies en nombre suffisant, le secrétaire-greffier invite les parties à les produire dans le délai de quinzaine. Cet avertissement faisant courir un délai de rigueur, il importe de lui assurer date certaine. A cet effet, l'avertissement pourra être donné soit dans la forme des notifications administratives, soit sous pli recommandé, avec avis de réception. A défaut de production dans le délai, le conseil de préfecture, par un arrêté rendu dans la forme ordinaire, déclare la requête non avenue.

Toutefois, la péremption de l'instance, prononcée dans ce cas, n'entraîne pas pour le demandeur déchéance de son droit. Il pourra donc saisir de nouveau le conseil de la même affaire, en se conformant aux prescriptions des articles 2 et 3, s'il est encore dans les délais.

Les frais de copies pourront, sur la demande des parties, être alloués en dépens (art. 64 de la loi et art. 1er du décret-tarif du 18 janvier 1890).

ART. 4.

Requête signifiée par exploit d'huissier. — Le demandeur, qui peut introduire sa demande par voie de requête déposée au greffe, peut également l'introduire par exploit d'huissier signifié aux parties défenderesses.

L'exploit, assignant directement l'adversaire, remplace le dépôt de la requête et la notification administrative; il devra contenir les mêmes mentions que celles exigées par l'article 2 pour la validité des requêtes introductives.

Si l'exploit n'est pas déposé au greffe dans les quinze jours de la signification, le conseil doit déclarer la demande périmée.

L'exploit n'a pas, comme en matière civile, à impartir un délai au défendeur, soit pour produire ses moyens, soit pour comparaître. C'est en effet le conseil qui fixe le délai de production, aux termes du paragraphe 2 de l'article 6, de même que le jour de l'audience.

ART. 5.

Désignation du rapporteur. — Les articles 5, 6 et 7 reproduisent les principes des articles 2 à 5 du décret du 12 juillet 1865.

Ils règlent la manière dont le défendeur, à défaut de la procédure par exploit d'huissier, sera averti de la demande formée contre lui.

C'est au président du conseil de préfecture qu'il appartient de désigner le rapporteur, à qui le dossier est transmis dans les vingt-quatre heures.

Art. 6.

Instruction des affaires. — Les décisions du conseil de préfecture réglant les notifications à faire aux parties sont, ainsi que l'indiquait déjà la circulaire du 21 juillet 1865, inscrites sur la feuille devant contenir le dossier. Elles sont datées et signées par le rapporteur ou par le président ; le greffier certifie, par son parafe, accompagné de la date, que les ordres de notification ont été exécutés.

La fixation des délais pour fournir les défenses est laissée à l'appréciation du conseil. Ainsi le conseil de préfecture pourra, même après la mise au rôle et jusqu'à l'audience, admettre les productions des parties.

L'article 6 reproduit les dispositions de l'article 4 du décret du 12 juillet 1865, en substituant à la communication des pièces l'obligation, au début de l'instance, de laisser entre les mains du défendeur copie de la requête.

Art. 7.

Des notifications. — Les notifications prévues par cet article sont exclusivement celles que nécessite l'instruction de l'affaire.

L'article 51 trace d'autres règles pour la notification des arrêtés.

En décidant que les notifications auront lieu « dans la forme administrative », l'article 7 exclut implicitement l'usage du ministère d'huissier.

L'agent, que le conseil aura désigné pour faire les notifications, devra dépendre directement de l'autorité administrative ; tels sont les sous-préfets, maires, commissaires de police, gardes champêtres, etc.

Bien que les dispositions relatives aux notifications ne soient pas prescrites à peine de nullité, il appartient au conseil d'apprécier si des notifications irrégulières ne lèsent pas les intérêts des parties. Aucune d'elles, en effet, ne peut être jugée sans qu'il soit constaté qu'elle a été touchée par la notification et mise à même de produire ses défenses.

A défaut de récépissé délivré par la partie, l'agent désigné dresse un procès-verbal de notification qui doit mentionner les circonstances dans lesquelles la copie a été remise.

Toutes les règles applicables aux particuliers le sont également aux administrations en cause.

Art. 8.

Communication et déplacement des pièces. — L'article 8 s'occupe de la communication des pièces et de la constitution des mandataires.

En règle générale, les communications se font au greffe sans déplacement. Néanmoins l'autorisation de déplacer des pièces peut être accordée par le président. Cette exception est d'usage en faveur de l'administration et se justifie par le caractère public de ses agents.

L'autorisation de déplacer le dossier peut aussi, en vertu du paragraphe 2 de l'article, être accordée aux avoués exerçant dans le département et aux avocats, mais non aux simples mandataires, ni même aux agréés près les tribunaux de commerce qui, n'ayant pas été compris dans l'exception faite par le paragraphe précité, se trouvent dans la situation des mandataires ordinaires.

Le président détermine le délai du déplacement qu'il autorise. A l'expiration de ce délai, le secrétaire-greffier doit provoquer et assurer le rétablissement des pièces déplacées.

Des mandataires. — Le mandataire ordinaire doit justifier d'une procuration *sous seing privé*, légalisée par le maire et enregistrée, ou d'un acte authentique lui conférant mandat.

La loi ne distingue pas entre le mandataire chargé de suivre l'instruction et celui qui présente des observations orales à l'audience; il y a donc lieu d'exiger la production d'un mandat établi dans les mêmes formes pour le mandataire plaidant, même s'il est assisté à l'audience de son mandant. Les avocats inscrits à un barreau et les avoués exerçant dans le département n'ont pas à justifier de leur mandat.

L'individu privé du droit de témoigner en justice ne peut être admis comme mandataire.

Élection de domicile. — Le mandataire est substitué au mandant pour toutes les phases de l'instruction ; son domicile est réputé domicile élu de celui qui l'a choisi. Si la partie est domiciliée en dehors du département, elle doit faire élection de domicile au chef-lieu où siège le conseil de préfecture.

Cette obligation s'applique également au mandataire, lors même que la partie qu'il représente serait domiciliée dans le département.

Quand le défendeur est domicilié hors du département, la notification de la requête introductive est faite au domicile réel, le seul encore connu au début de l'instance. Les notifications ultérieures sont effectuées au domicile élu.

ART. 9.

Des mémoires en défense et répliques. — Les défenses et répliques produites au cours de la procédure sont déposées au greffe dans les conditions fixées par les articles 1 à 4 de la loi, c'est-à-dire qu'elles doivent être signées, datées, contenir l'indication de la profession et du domicile, les conclusions et l'énonciation des pièces dont le défendeur ou le demandeur entend se servir.

Elles sont en outre soumises au timbre et il doit être fourni des copies destinées à être notifiées aux adversaires.

Aucune sanction équivalente à celle de l'article 3 n'est prévue à l'égard du défendeur qui ne produirait pas de copies de sa défense ou les fournirait en nombre insuffisant, bien que cette négligence puisse nuire aux intérêts du demandeur.

En pareil cas, il ne paraîtrait pas contraire à l'esprit de la loi, qui a voulu assurer une protection égale à toutes les parties, de décider que le conseil de préfecture peut, suivant la nature et l'importance du préjudice, opérer la liquidation de tout ou partie des dépens contre le défendeur.

En dehors des pièces versées au dossier par les parties, le conseil peut ordonner la production des documents qui lui paraîtraient utiles.

Art. 10.

Contraventions. — L'article 10 est relatif à la procédure spéciale en matière de contraventions de grande voirie. Il maintient expressément les règles établies par les lois spéciales et ne trace de règles nouvelles qu'à défaut de dispositions prévues par ces lois.

Il n'est rien innové en ce qui touche l'affirmation et l'enregistrement des procès-verbaux de contravention.

L'article 10 n'a pas reproduit le dernier paragraphe de l'article 8, correspondant, du décret du 12 juillet 1865, aux termes duquel, si les formalités prescrites dans les alinéas précédents n'ont pas été remplies, le rapporteur en réfère au conseil pour assurer l'accomplissement de ces formalités. Mais il résulte de l'exposé des motifs (*Journal officiel* du 16 juin 1870) que cette omission tient à ce que ce paragraphe a paru superflu, le conseil de préfecture ayant, en vertu des articles 6 et 7 de la loi, des pouvoirs généraux pour la direction de l'instruction.

La loi actuelle modifie le décret de 1865 sur les points suivants :

1º C'est le préfet, chargé d'exercer l'action publique, qui fait la notification aux contrevenants, et non plus le sous-préfet ;

2º La notification doit être faite dans le délai de dix jours au lieu de cinq [1] ;

3º Elle doit contenir citation à comparaître dans le délai d'un mois, alors que le décret de 1865 n'indiquait pas de délai ;

4º Le procès-verbal de la notification et celui de la citation à comparaître sont adressés au conseil, et non plus au sous-préfet ;

5º L'administration reçoit communication du mémoire en défense, et l'inculpé, de la réponse faite par l'administration, si le conseil juge ces communications utiles.

Le mémoire en défense est soumis au timbre.

La citation à comparaître dans le mois n'a pas pour effet d'obliger le conseil à statuer dans ce délai, ce qui serait souvent difficile, soit qu'il y ait lieu de communiquer à l'administration le mémoire de l'inculpé produit dans le délai

---

1. Bien que la jurisprudence ne considère pas ce délai comme prescrit à peine de nullité, il importe à la bonne administration de la justice qu'il soit exactement observé.

de quinzaine, et à l'inculpé la réponse de l'administration, soit que le conseil de préfecture, dont les membres ont des attributions actives en dehors de leurs fonctions de juges, ne puisse se réunir avant l'expiration du délai.

A mon avis, l'intention du législateur, que ces inconvénients n'ont pu manquer de frapper, a été surtout de hâter le jugement des affaires concernant les contraventions. Le délai imparti par l'article 10 semble donc purement comminatoire et ne pas comporter de déchéance.

Vous devrez en conséquence, Monsieur le Préfet, veiller à ce que les pièces de l'instruction vous soient adressées d'urgence et à ce que tout retard soit évité.

Le conseil peut d'ailleurs prononcer la condamnation à l'amende jusqu'à l'expiration du délai de prescription (art. 640 du Code d'instruction criminelle et art. 26 de la loi du 30 mai 1851) et, en vertu du principe de l'imprescriptibilité du domaine public, ordonner, à toute époque, la restitution du sol usurpé.

Art. 11.

Procédures spéciales. — Élections et contributions directes. — L'article 11 dispose que les réclamations en matière électorale et en matière de contributions directes continueront à être présentées et instruites dans les formes prescrites par les lois spéciales.

Ainsi, en matière électorale, les textes applicables sont les articles 37, 38 et 39 de la loi du 5 avril 1884 pour les élections municipales et les élections des maires et adjoints (art. 79 de la même loi) ; pour les élections des conseillers d'arrondissement : les articles 51 et 52 de la loi du 22 juin 1833 ; pour les élections des délégués sénatoriaux : les articles 7 et 8 de la loi du 2 août 1875, modifiée par la loi du 9 décembre 1884.

Je ne puis, sur ces divers points, que me référer aux instructions de mon département en date des 10 avril 1884, 14 novembre 1887 et 3 juillet 1889.

Les conseils de préfecture connaissent également des questions relatives aux élections des conseils de prud'hommes, en vertu des lois du 27 mai 1848 et du 1er juin 1853.

La loi du 28 pluviôse an VIII donne compétence aux conseils de préfecture en matière de contributions directes ; des lois spéciales, notamment la loi du 21 avril 1832 et la loi du 29 décembre 1884, sur laquelle je reviendrai plus loin, ont fixé la procédure relative à ces réclamations ; elle continue, en vertu de l'article 11, d'être suivie sous l'empire de la loi du 22 juillet 1889.

Observations orales. — En matière de contributions directes, comme en matière électorale, le principe général posé par l'article 44 de la loi n'est pas applicable. Les parties ne sont pas présumées vouloir user du droit de présenter des observations orales, et elles ne doivent être convoquées à l'audience publique que si elles en ont manifesté l'intention. Mais je vous rappelle que la jurisprudence du Conseil d'État considère comme une irrégularité substantielle, entraînant l'annulation de la décision pour vice de forme, le défaut d'avertissement du jour où l'affaire sera jugée en séance publique aux parties qui ont demandé à présenter des observations orales, soit dans leur requête, soit dans leur défense. (*C. d'État* 26 *février* 1886, *Mauvezin;* 16 *avril* 1886, *Saint-Jean-de-la-Blaquière.*)

« En ce qui concerne les réclamations relatives aux taxes assimilées aux contributions directes, — dit la circulaire du Directeur général des contributions directes du 1er février 1890, — il y a lieu de distinguer entre celles qui portent sur des taxes dont l'assiette et la répartition sont confiées à l'administration des contributions directes et celles qui ont trait à des taxes assises ou réparties par d'autres services. Il n'est rien innové relativement aux premières ; quant aux secondes, elles seront instruites dans les formes prescrites par les articles 1 à 9 de la nouvelle loi (art. 11, § 4).

« Il serait contraire à l'esprit de la loi de ranger dans cette dernière catégorie les redevances des mines, les droits de vérification des poids et mesures, les droits de visite des pharmacies et magasins de droguerie, les droits d'inspection des fabriques et dépôts d'eaux minérales, les droits de vérification des alcoomètres. Bien que des agents étrangers à l'administration des contributions directes prennent part à l'assiette de ces diverses taxes, les obligations imposées à cette administration pour assurer l'exactitude des cotisations ne permettent pas de considérer le dernier paragraphe de l'article 11 de la loi du 22 juillet 1889 comme s'appliquant aux redevances et droits dont il s'agit[1].

« En somme, les articles 1 à 9 précités ne sont pas applicables en ce qui a trait au service des contributions directes.

« Il découle également des termes de l'article 11 de la loi du 22 juillet 1889 que la procédure précédemment suivie pour l'expertise et la tierce expertise n'est modifiée que pour les réclamations portant sur les taxes assimilées, dont l'assiette et la répartition n'appartiennent point à l'administration des contributions directes. Relativement aux autres réclamations, c'est-à-dire à celles qui ont trait à des taxes à l'assiette desquelles participe cette administration, la commission du Sénat, chargée d'examiner la proposition de loi sur la procédure à suivre devant les conseils de préfecture, a formellement déclaré que la

---

1. A cet égard on lit ce qui suit dans le rapport fait au nom de la commission du Sénat chargée d'examiner la proposition qui a abouti à la loi du 22 juillet 1889 :

« ... Il est d'autres taxes qui sont perçues de la même manière que les contributions directes, mais dont l'assiette est confiée, non plus aux agents de l'administration des contributions directes, mais à des agents spéciaux, tels que les ingénieurs des ponts et chaussées. Telles sont, par exemple, les taxes à payer pour les frais du curage des cours d'eau non navigables ni flottables, et pour d'autres travaux semblables.

« Le contrôleur et le directeur des contributions directes n'ont pas à intervenir dans l'instruction des réclamations auxquelles elles peuvent donner lieu. Elles doivent donc être soumises, comme le dit le dernier paragraphe de l'article 11, aux formes ordinaires indiquées dans les articles 1 à 9 de la proposition de loi. » (*Rapport du* 17 *janvier* 1889, *impression* n° 4, *page* 11.)

loi projetée maintiendrait « purement et simplement les règles actuellement établies en cette matière ».

Tierce expertise en matière de contributions directes. — La loi du 29 décembre 1884 a institué, en matière de contributions directes, une tierce expertise à la requête de la partie la plus diligente, en cas de désaccord entre l'expert du réclamant et celui de l'administration. Cette procédure spéciale est maintenue, à titre exceptionnel, par la loi de 1889.

Le tiers expert est nommé par le juge de paix, et le conseil de préfecture ne peut statuer sur le fond jusqu'à ce que le tiers expert régulièrement désigné ait accompli sa mission. (*C. d'État* 1er *avril* 1887, *Germain Duforestel.*)

Cette procédure peut, il est vrai, occasionner des lenteurs, car la loi n'a pas imposé aux parties de délai pour demander au juge de paix la désignation du tiers expert, ni prévu la notification de cette nomination au conseil de préfecture. Mais, sur le premier point, il résulte de la jurisprudence du Conseil d'État (15 *mars* 1889, *Fieschi*) que le conseil de préfecture n'est tenu de surseoir à statuer qu'autant qu'il est justifié devant lui, au jour de l'audience, d'une demande à fin de nomination du tiers expert.

Il conviendra seulement, et alors même que les parties n'auraient pas demandé à être entendues, de les prévenir du jour où l'affaire sera appelée à l'audience, en leur laissant un délai qui ne soit pas inférieur à celui que prévoit l'article 44.

J'ai cru devoir signaler le second point à M. le garde des sceaux. Il a pensé, comme moi, qu'il convenait de suppléer, en cette circonstance, au silence de la loi et d'inviter les juges de paix à donner avis aux conseils de préfecture de la nomination du tiers expert aussitôt qu'elle aura été faite. Des instructions dans ce sens ont été adressées par mon collègue aux procureurs généraux, à la date du 3 juillet 1890. (V. Annexes.)

Cet avis, donné au conseil de préfecture, lui permettra, le cas échéant, d'appliquer la seule sanction qui soit prévue par la loi du 29 décembre 1884, c'est-à-dire de refuser de comprendre dans la liquidation des dépens les frais de la tierce expertise dont le rapport n'a pas été déposé dans le délai.

Le tiers expert désigné peut, sur la production de sa nomination, prendre communication sur place du dossier soit au greffe du conseil de préfecture, soit à la sous-préfecture, soit au greffe de la justice de paix, si ce déplacement des pièces a été autorisé.

Les frais de tierce expertise sont, comme tous les autres, supportés par la partie qui succombe, suivant l'appréciation du conseil de préfecture, dans les termes des articles 130 et 131 du Code de procédure civile. (Loi du 29 décembre 1884, art. 5.)

Art. 12.

Rapport. — « Lorsque l'affaire est en état d'être jugée, ou lorsqu'il y a lieu d'ordonner des vérifications au moyen d'expertises, d'enquêtes ou autres mesures analogues, le rapporteur prépare un rapport. »

Cette disposition supprime l'obligation imposée, en outre, au rapporteur par l'article 9 du décret du 12 juillet 1865, de préparer un projet de décision.

Le rapport écrit résume tous les faits de l'affaire et pose les questions que le juge aura à résoudre. Il n'est pas indispensable, en matière de contributions directes, sauf pour les affaires importantes ou difficiles. La feuille d'instruction le remplace.

Le commissaire du Gouvernement reçoit communication du rapport, en même temps que du dossier, par les soins du secrétaire-greffier.

TITRE II.

Des différents moyens de vérification.

§ 1er. — DES EXPERTISES.

Le titre II, qui traite des expertises, des visites de lieux, des enquêtes et des interrogatoires, constitue la principale innovation de la loi du 22 juillet 1889.

Le décret du 12 juillet 1865 ne contenait, en effet, aucune disposition relative à ces différents points et il avait dû être suppléé à cette lacune par les principes généraux de la procédure et par les prescriptions particulières des lois spéciales.

ART. 13.

Le conseil est libre, sauf pour les cas exceptés par le paragraphe 2 de l'article 13, d'apprécier s'il y a lieu, ou non, d'ordonner une vérification sur les points de faits contestés. Il détermine ces points par son arrêté.

Expertise obligatoire. — L'expertise est obligatoire quand elle est réclamée par les parties ou par l'une d'elles dans deux espèces de contestations :

1° En matière de dommages résultant de l'exécution de travaux publics, cas dans lequel rentrent les extractions de matériaux et les occupations temporaires ;

2° En matière de subventions spéciales pour dégradations extraordinaires aux chemins vicinaux.

Par analogie, l'article 13 est applicable aux dégradations extraordinaires sur les chemins ruraux, pour lesquelles la loi du 20 août 1881 renvoie, du reste, à la loi du 21 mai 1836.

Quand les parties demandent l'expertise en vertu du paragraphe 2 de l'article, la vérification doit être ordonnée, qu'il s'agisse de dommages à une propriété ou à une personne. Le conseil de préfecture, si l'expertise est réclamée devant lui, ne pourrait s'en référer à une expertise ordonnée sur les mêmes faits par une autre juridiction et refuser de prescrire l'expertise dans les formes des articles 13 à 23.

Toutefois, malgré le caractère impératif du paragraphe de l'article 13, le Conseil pourrait refuse l'expertise si la requête était frappée d'une fin de non-recevoir, ou si la solution de l'affaire dépendait d'une question de droit, et non d'une vérification de fait. (*Rapport au Sénat*, 17 *janvier* 1889.)

La requête à fin d'expertise, si elle n'est pas comprise dans la demande principale, est soumise à l'obligation du timbre et à la production des copies, comme toutes les demandes qui se produisent au cours de l'instruction (art. 2, 3, 6 et 7).

Art. 14 et 15.

L'article 14 s'inspire des dispositions des articles 303 et suivants du Code de procédure civile.

Formes de l'expertise. — Il remplace les prescriptions relatives aux diverses formes d'expertise et à la tierce expertise, établies par l'article 56 de la loi du 16 septembre 1807, par l'article 17 de la loi du 21 mai 1836 et par certaines lois spéciales, sans autre exception que la réserve faite par l'article 11 pour les contributions directes.

Il y a lieu d'établir une distinction suivant que l'expertise est réclamée par les parties ou ordonnée d'office.

Expertise ordonnée sur la demande des parties. — Quand l'expertise est demandée par les parties, il y est procédé par trois experts, et chaque partie est appelée à désigner le sien. Toutefois, les parties peuvent s'accorder soit pour la désignation d'un seul expert, soit pour laisser au conseil de préfecture le choix de cet expert commun.

Si les parties, s'étant décidées pour la nomination d'un seul expert, ne pouvaient tomber d'accord sur le choix de l'homme de l'art, il appartiendrait au conseil de le désigner, à l'expiration du délai imparti pour le dépôt au greffe du nom de l'expert commun.

Nomination de plus de trois experts. — Il peut arriver que, dans une affaire, il y ait plus de deux intérêts opposés et l'article 14 présente alors une certaine difficulté d'interprétation. Il ne s'agit pas ici du cas où, par exemple, un même travail public lèse un certain nombre de propriétaires : ces propriétaires ont des intérêts distincts, mais non opposés, et, si chacune de leurs réclamations fait naître une instance spéciale, rien ne les empêche de prendre tous le même expert. L'administration et le conseil de préfecture peuvent en faire autant et ce système, s'il est employé de part et d'autre, aura l'avantage, en permettant de grouper des affaires analogues dans une même instruction, d'assurer une étude d'ensemble et bien coordonnée. En ce cas, on peut dire qu'entre l'administration et chacun des propriétaires il y aura une expertise faite par trois experts, dans les termes mêmes de l'article 14, dont l'application ne présente aucune difficulté pour cette hypothèse.

Mais il peut exister une véritable opposition entre trois intérêts ou plus, par exemple lorsqu'un dommage est imputé soit à l'administration, soit à un entrepreneur, ou lorsqu'une commune intente une action en responsabilité contre un architecte ou un entrepreneur, ou même contre des entrepreneurs successifs et que chacun prétend s'exonérer de la responsabilité en rejetant la faute sur un autre.

Comment concilier, dans ce cas, les différentes dispositions de l'article 14 ? Faut-il s'attacher de préférence au paragraphe 1er, qui ne prévoit pas l'intervention de plus de trois experts, ou au paragraphe 3, qui donne à chaque partie le droit de nommer son expert et charge le conseil de préfecture d'en désigner un autre, ce qui, dans l'espèce indiquée ci-dessus, porte le nombre des experts à quatre au moins ?

La seconde solution paraît seule conforme à l'esprit de la loi. Le principe qui domine la matière, c'est le droit de chacune des parties en cause à être représentée par un expert de son choix. C'est dans cette vue que, tout en se rapprochant, pour la forme des expertises, des règles suivies devant l'autorité judiciaire, on a évité de pousser l'assimilation jusqu'au bout et que, tandis que l'article 318 du Code de procédure civile interdit aux experts, en cas d'avis différents, de faire connaître l'auteur de chaque avis, l'article 20 de la nouvelle loi leur impose l'obligation contraire. Les raisons données dans les travaux préparatoires pour expliquer l'impossibilité, en matière administrative, de faire nommer les experts par un accord des parties, ne laissent aucun doute sur la pensée du législateur. Il faut donc admettre qu'en parlant seulement d'un ou trois experts, l'article 14 n'a eu en vue que le cas le plus général, et que cette disposition est énonciative, et non limitative. Si, par suite de cette interprétation, il arrive que les experts soient en nombre pair, il n'en résulte aucune difficulté de procédure, puisque l'article 20, déjà cité, loin d'obliger les experts à former un avis à la pluralité des voix, dispose qu'en cas de désaccord chacun d'eux indiquera son opinion et les motifs à l'appui.

Il semble donc que, dans tous les cas, et quel que soit le nombre des parties en cause, chacune doit être invitée à nommer son expert et que, faute par certaines d'entre elles d'avoir fait cette désignation, le conseil de préfecture doit, en vertu de l'article 15, y pourvoir séparément pour chacune.

Des notifications à fin de désignation d'experts. — Les parties qui ne sont pas présentes à la séance publique où l'expertise est ordonnée ou qui n'ont pas, dans leurs requêtes et mémoires, désigné leur expert, sont invitées, par une notification faite conformément à l'article 7, à le désigner dans le délai de huit jours. Si cette désignation n'est pas parvenue au greffe dans ce délai, la nomination est faite d'office par le conseil de préfecture.

La notification adressée aux parties, d'avoir à désigner leur expert, pourra utilement leur rappeler que la loi leur donne le droit d'opter entre la nomination d'un expert pour chacune d'elles et la désignation, après entente entre elles, d'un expert unique. En vue d'arriver à un accord pour le choix d'un expert commun, le conseil pourra prolonger le délai de huitaine. En effet, ce délai n'est pas un délai de rigueur.

Par contre, l'arrêté qui aurait nommé d'office des experts avant l'expiration du délai, serait entaché d'un vice de forme, à moins qu'ultérieurement les parties n'aient assisté, sans protestations ni réserves, aux opérations de l'expertise.

Expertise d'office. — Dans le cas où l'expertise est ordonnée d'office, les parties doivent être mises en demeure de choisir leurs experts, conformément à l'article 15. Si elles laissaient s'écouler le délai de huitaine sans procéder à ce choix, le conseil de préfecture pourrait le faire lui-même et il aurait alors la faculté de ne nommer qu'un seul expert.

C'est en ce sens que l'article 303 du Code de procédure civile, plus impératif dans ses termes que l'article 14, a été interprété par la Cour de cassation.

<h3 align="center">ART. 16.</h3>

Arrêté ordonnant l'expertise. — L'arrêté qui ordonne l'expertise et qui désigne, le cas échéant, le ou les experts, doit préciser les points sur lesquels portera la vérification.

Toute personne peut être nommée expert à moins qu'elle n'ait été privée de ce droit par un jugement.

Dans ce cas, l'expertise serait entachée de nullité.

Les experts doivent prêter serment devant l'autorité désignée par le conseil de préfecture. Cette formalité est substantielle et son omission entraînerait la nullité de l'expertise, que celle-ci soit obligatoire ou facultative. Ce n'est que du consentement des parties que le conseil peut dispenser les experts de la prestation de serment.

Les fonctionnaires désignés pour recevoir le serment sont, notamment, les conseillers de préfecture siégeant en corps ou individuellement, le secrétaire général, un sous-préfet, un maire, un juge de paix. Toutefois, en vue de diminuer les frais, il est préférable de désigner les fonctionnaires qui résident près des lieux où doit avoir lieu l'expertise.

L'exemption des droits d'enregistrement pour le procès-verbal de prestation de serment, et, le cas échéant, pour l'expédition de ce procès-verbal, n'entraîne pas exemption du timbre (instruction du Directeur général de l'enregistrement du 5 octobre 1889).

Dépôt du rapport au greffe. — Le conseil fixe le délai dans lequel les experts doivent déposer leur rapport au greffe. Cette fixation déjà en usage sous l'ancienne législation, mais alors dénuée de sanction, comporte aujourd'hui (art. 18) l'application de pénalités contre l'expert qui ne se serait pas conformé aux délais impartis.

Il sera toutefois équitable d'accorder en certains cas une prolongation de délai pour le dépôt du rapport.

<h3 align="center">ART. 17.</h3>

Incapacités. Récusation des experts. — Le paragraphe 1er de l'article 17 édicte une incapacité spéciale, en matière d'expertise, à l'égard des fonctionnaires qui ont exprimé une opinion dans l'affaire ou qui ont pris part aux travaux sur lesquels porte la réclamation. Cette exclusion s'applique sans distinction à tout agent de l'État, du département, des communes, des établissements publics et des associations syndicales autorisées. Elle peut être prononcée d'office ou sur la demande des parties.

La proposition de récusation doit être faite dans les formes de l'article 309 du Code de procédure civile, sauf en ce qui touche le délai, que l'article 17 porte à huit jours à partir de la notification. Elle comporte donc : 1° une requête motivée sur timbre ; 2° des preuves ou des offres de preuves par écrit ou par témoins ; 3° la signature de la partie ou de son mandataire.

Les experts nommés d'office peuvent être récusés pour les causes inscrites dans les articles 283 et 310 du Code de procédure civile. La Cour de cassation a jugé que cette énumération n'est pas limitative.

Après l'expiration du délai de huit jours prévu par l'article 17, la proposition de récusation ne serait plus recevable.

Quand l'instruction prescrite par le conseil de préfecture sur la demande en récusation est terminée, la cause est jugée d'urgence, après convocation des intéressés.

Si la récusation est admise, l'arrêté qui la prononce nomme le nouvel expert.

Les parties peuvent rétracter la désignation de leur expert jusqu'à la prestation du serment.

ART. 18.

Remplacement des experts. — Pénalités. — Les règles posées par les articles 14 et suivants sont applicables lorsqu'il s'agit de remplacer l'expert qui refuse sa mission ou qui ne la remplit pas.

L'arrêté par lequel le conseil de préfecture use du droit, que lui accorde l'article 18, de condamner l'expert négligent à tous frais frustratoires, et même à des dommages-intérêts, s'il y a lieu, doit être rendu, après convocation de cet expert à l'audience publique.

ART. 19.

Convocation des parties à l'expertise. — Les parties doivent être averties par le ou les experts des jours et heures auxquels il sera procédé à l'expertise ; cet avis leur est adressé quatre jours au moins à l'avance, par lettre recommandée.

La convocation des parties à l'expertise est une formalité substantielle, mais celles qui auraient assisté à l'expertise sans y avoir été convoquées ne seraient plus recevables à relever ce moyen de nullité.

Le rapport d'expertise devra contenir les observations présentées par les parties au cours de la vérification.

Art. 20.

Formes de l'expertise. — Les experts, après avoir prêté serment, prennent communication du dossier de l'affaire. Le président peut autoriser le déplacement des pièces entre leurs mains contre un récépissé sur bordereau détaillé. La règle posée par l'article 8 ne fait pas obstacle à ce déplacement, les experts étant liés par leur serment.

S'il y a plusieurs experts, ils procèdent ensemble à la visite des lieux et dressent un seul rapport. Dans le cas où ils sont d'avis différents, ils indiquent l'opinion de chacun d'eux et les motifs à l'appui.

Cette disposition, que j'ai déjà eu occasion de signaler à propos de l'article 14, établit une règle en contradiction absolue avec l'article 318 du Code de procédure civile, d'après lequel les experts ne forment qu'un seul avis à la pluralité des voix et, en cas d'avis différents, indiquent les motifs des divers avis sans faire connaître l'avis personnel de chaque expert.

Le rapport doit être timbré et enregistré (instruction du Directeur général de l'enregistrement du 5 octobre 1889).

Art. 21.

Notification du dépôt du rapport d'expertise. — Le rapport des experts est déposé au greffe du conseil. Les parties sont invitées, par une notification faite conformément à l'article 7, à en prendre connaissance et à fournir leurs observations dans le délai de quinze jours.

L'absence de notification aux parties du dépôt au greffe du rapport leur permet d'attaquer par la voie de l'opposition l'arrêté intervenu (art. 53).

Le conseil de préfecture peut d'ailleurs accorder aux parties, pour prendre connaissance du rapport et produire leurs observations, tous les délais qui lui paraîtront justifiés.

Art. 22.

Mesures supplémentaires d'instruction. Autorité du rapport. — L'article 22, qui permet au conseil de préfecture d'ordonner un supplément d'instruction et même de faire comparaître les experts devant lui pour fournir des renseignements complémentaires, ne demande aucune explication.

Je ne signalerai qu'un point à votre attention. En vertu des principes généraux sur l'expertise, également consacrés par l'article 323 du Code de procédure civile, les juges ne sont point astreints à suivre l'avis des experts. Celui-ci ne doit servir qu'à éclairer leur religion et ils restent libres de statuer suivant la conviction qu'ils se sont faite après l'instruction et les débats.

Art. 23.

Liquidation des frais d'expertise. — Les experts produisent en même temps que leur rapport l'état de leurs vacations, frais et honoraires sur timbre et sur feuille séparée.

Le président du conseil de préfecture, même en matière de contributions directes ou de taxes assimilées, arrête la liquidation conformément au décret-tarif du 18 janvier 1890. L'arrêté de taxe est notifié aux experts et aux parties, qui ont un délai de trois jours, à dater de la notification, pour contester la liquidation et la taxe.

Cette contestation est une forme particulière de recours propre à la liquidation des frais d'expertise ; ce n'est pas une opposition dans le sens ordinaire.

Le recours est porté devant le conseil de préfecture statuant en chambre du conseil. L'arrêté doit être motivé. Le conseil n'est pas tenu de convoquer les parties, mais il peut les entendre.

L'arrêté soit du président, soit du conseil de préfecture, ne comporte que la fixation des sommes à allouer. L'attribution de la part des frais à supporter par chaque partie est faite, comme celle des dépens, dans l'arrêté définitif, conformément aux dispositions des articles 62 et 66.

L'arrêté du président tient lieu d'exécutoire contre la partie qui a requis l'expertise, ou contre les parties solidairement, quand l'expertise est ordonnée d'office. L'exécution peut en être demandée même avant que le jugement soit rendu sur le fond.

Je crois utile, en vous signalant ces dispositions, d'attirer votre attention, Monsieur le Préfet, sur la modification de la législation antérieure qui résulte de l'article 23. Cette disposition abroge, par voie de conséquence, l'article 16 de l'arrêté du 24 floréal an VIII, qui vous attribuait le droit de liquider les frais d'expertise en matière de contributions directes ; ce droit appartient désormais au président et au conseil de préfecture.

Mais vous continuez à taxer les frais et honoraires des experts, lorsque l'expertise ne se rattache pas à une instance contentieuse, par exemple dans le cas d'un partage temporaire de terrains communaux entre les habitants d'une commune ou d'une section, ou bien encore lorsque la commune ou la section acquiert ou aliène des immeubles.

Aux termes de la circulaire du 5 mai 1852, interprétative du décret de décentralisation du 26 mars de la même année, l'expertise est confiée en pareille matière à une personne désignée par le préfet ou par le sous-préfet. Rien ne s'oppose, à mon avis, à ce que le sous-préfet lui-même opère la taxation des frais d'expertise, lorsqu'il a nommé l'expert.

Art. 24.

Constat d'urgence. — En cas d'urgence, l'article 24 autorise le président du conseil de préfecture, sur la demande des parties, à désigner un expert pour constater des faits qui seraient de nature à motiver une réclamation devant ce conseil. Avis doit en être immédiatement donné au défendeur éventuel.

C'est là une des innovations importantes de la loi. Sous l'empire de la législation antérieure, la faculté de faire procéder à un constat d'urgence ne pouvait être exercée que par le conseil de préfecture tout entier. Désormais le président pourra « ordonner une simple mesure conservatoire, un simple constat. Mais la vérification devra être faite sans qu'il y ait lieu d'apprécier les droits respectifs des parties, la recevabilité ou le mérite de leurs prétentions. Ces questions appartiennent au fond du litige qui doit rester intact [1] ».

Ainsi, à la différence de la situation faite aux présidents des tribunaux civils par les articles 806 et suivants du Code de procédure civile, le président du conseil de préfecture ne peut prendre aucune décision, même provisoire, sur le litige. Il doit se borner « à désigner un expert pour constater des faits qu'il y a urgence à reconnaître et qui seraient de nature à motiver une réclamation devant le conseil [2] ».

C'est donc par suite d'une extension de langage que l'usage s'est introduit de donner à cette procédure le nom de *référé administratif*. Si la loi nouvelle attribue compétence au président, elle ne change pas la nature des pouvoirs autrefois reconnus au conseil de préfecture par la jurisprudence, et la procédure autorisée par l'article 24 ne saurait être confondue avec le référé en matière civile.

Le président rend son arrêté sur simple requête timbrée à lui adressée.

L'arrêté prescrivant un constat n'est pas susceptible d'opposition (art. 809 du Code de procédure civile).

L'expert désigné prête serment. Le défendeur éventuel, s'il est connu, devra être averti par un avis du secrétaire-greffier de la désignation de l'expert et, s'il est possible, du jour de la vérification.

Les frais de l'expertise seront mis à la charge du demandeur, s'il est établi que le constat était inutile ou s'il n'a pas été suivi d'une instance.

§ 2. — DES VISITES DE LIEUX.

ART. 25.

L'article 25 permet au conseil de préfecture d'ordonner la visite des lieux litigieux, quand il le juge nécessaire. Il peut prescrire cette vérification, soit d'office, soit sur la demande des parties, et prend à cet effet un arrêté dans la forme ordinaire.

Avis est donné aux parties, dans les formes de l'article 7, des jour et heure de la visite et, autant que possible, de l'objet de la vérification.

Le conseiller, ou les membres du conseil chargés de la vérification, ne sont pas liés par le dispositif de l'arrêté qui a prescrit les constatations à faire. La vérification pourra porter sur tous les points qu'il paraîtrait utile de relever.

Les personnes désignées pour fournir des explications sur les lieux ne seront entendues qu'à titre de renseignement et ne devront pas prêter serment.

Procès-verbal. — Le procès-verbal de l'opération dressé par le conseiller ne devra pas indiquer l'opinion personnelle de son auteur sur le fond du litige, afin de ne pas le mettre, ensuite, dans un cas de récusation.

---

1. Rapport présenté au Sénat par M. Léon Clément, 17 janvier 1889.
2. Rapport présenté au Sénat par M. Léon Clément, 17 janvier 1889.

Les parties doivent être invitées à prendre communication du procès-verbal.

Règlement des frais. — Le règlement des frais a lieu conformément à l'article 13 du décret-tarif du 18 janvier 1890 et se fera d'après les mentions contenues au procès-verbal, quant aux journées employées au transport, au séjour et au retour, par analogie avec l'article 298 du Code de procédure civile.

Au cas où la visite des lieux serait ordonnée sur la demande de l'une des parties, l'arrêté pourra décider que les frais de transport seront avancés par la partie requérante et consignés au greffe (art. 301 du Code de procédure civile).

§ 3. — DES ENQUÊTES ET DES INTERROGATOIRES.

Art. 26.

« Aucune loi, dit l'exposé des motifs [1], ne déterminait jusqu'ici les formes dans lesquelles les conseils de préfecture peuvent procéder à une enquête. Dans la pratique, on suivait à peu près les formes usitées pour les enquêtes dirigées par le juge de paix.

« Le projet a établi un système simple, économique, qui ne répondrait peut-être pas aux exigences de certains débats portés devant l'autorité judiciaire, mais qui semble approprié aux contestations dans lesquelles les conseils de préfecture ordonnent habituellement des enquêtes. »

Art. 27.

Arrêté ordonnant l'enquête. — L'enquête a lieu soit devant le conseil de préfecture en séance publique, soit devant un des membres du conseil spécialement désigné, et qui se transporte sur les lieux.

Elle ne peut donc plus être confiée, soit à un autre fonctionnaire de l'ordre administratif ou judiciaire, soit à un membre des corps électifs.

L'arrêté ordonnant l'enquête fixe le jour et l'heure auxquels il y sera procédé. L'indication des faits sur lesquels doit porter l'enquête n'est pas strictement limitative ; le conseil ou le conseiller-enquêteur peut donc provoquer les déclarations des témoins sur des points non prévus par l'arrêté, mais qui seraient connexes aux questions principales à élucider.

Le commissaire du Gouvernement qui doit assister aux enquêtes faites en séance publique et qui peut, par l'intermédiaire du président, intervenir dans les interrogatoires, a la faculté d'assister aux enquêtes faites dans le département par le conseiller-enquêteur.

L'assistance du secrétaire-greffier aux enquêtes est également autorisée. Mais, en vue de diminuer les frais, elle ne devra être qu'exceptionnellement

---

1. *Journal officiel* du 16 juin 1870.

réclamée par le conseiller-enquêteur, à qui il appartient d'ailleurs de rédiger le procès-verbal suivant le paragraphe 3 de l'article 32.

L'avance des frais peut être réclamée à la partie qui demande l'enquête, sauf en matière électorale où il ne saurait être prononcé de condamnation aux dépens (art. 35 et 63). L'avance des frais est consignée au greffe.

L'article 13 du décret-tarif du 18 janvier 1890 est applicable aux indemnités de déplacement du conseiller-enquêteur et du secrétaire-greffier.

ART. 28.

Notification de l'arrêté et citation des témoins. — Les parties ont intérêt à ce que les témoins qu'elles veulent faire entendre se présentent au jour fixé pour l'enquête ; elles ont intérêt également à connaître les noms des témoins que la partie adverse entend faire déposer. En conséquence, et bien que la loi ne prescrive pas cette formalité, il est utile que la notification du dépôt au greffe de l'arrêté ordonnant l'enquête contienne l'invitation aux parties de faire connaître, avant le jour de l'audience, les noms des personnes qui devront être interrogées. Cette liste des témoins sera, sur leur demande et sans déplacement, communiquée aux parties par le secrétaire-greffier.

Les parties intéressées peuvent faire assigner leurs témoins par exploit d'huissier, mais les frais d'assignation n'entrent pas en taxe.

Les témoins défaillants n'encourent aucune pénalité.

ART. 29 ET 30.

Exclusion des témoins. — La loi du 22 juillet 1889 n'a pas reproduit le système des reproches établi par le Code de procédure civile.

Elle se borne à exclure le témoignage des parents et alliés en ligne directe et celui des personnes que la loi ou des décisions judiciaires auraient déclarées incapables de témoigner.

Mais les exclus peuvent être entendus à titre de renseignement.

« *Serment et déposition des témoins.* — Les témoins, ajoute l'exposé des motifs, doivent d'ailleurs faire connaître s'ils sont parents, alliés ou serviteurs de l'une des parties. C'est au juge à peser ces témoignages. »

Les témoins âgés de quinze ans révolus doivent prêter serment. L'absence de cette formalité entraîne la nullité de la déposition, mais sans vicier l'enquête en son entier.

Les témoins sont entendus séparément en présence des parties ou elles dûment convoquées ; ils peuvent être entendus de nouveau après leur première déposition et même confrontés les uns avec les autres.

ART. 31 ET 32.

Procès-verbal de l'enquête. — Les articles 31 et 32 établissent des formes différentes pour la rédaction du procès-verbal, suivant que l'enquête a lieu en séance publique ou devant un conseiller-enquêteur.

Dans le premier cas, le secrétaire-greffier dresse de l'audition des témoins un procès-verbal, qui est visé par le président et annexé à la minute de l'arrêté.

Quand l'enquête est faite par un membre du conseil, en dehors de l'audience, il est nécessaire de fournir au conseil de préfecture la relation écrite et détaillée de tous les incidents de l'enquête ; elle constitue, en outre, une garantie de plus pour les parties.

A cet effet, l'article 32 décide que le procès-verbal doit contenir l'énoncé des jour, lieu et heure de l'enquête ; la mention de l'absence ou de la présence des parties ; les noms, prénoms, professions et demeures des témoins ; les reproches proposés ; le serment prêté par les témoins ou les causes qui les ont empêchés de le prêter, et enfin leur déposition.

Après lecture, chaque témoin signe sa déposition, ou mention est faite qu'il ne sait, ne peut, ou ne veut signer.

Le conseiller-enquêteur doit recevoir, à titre de renseignement, la déposition du témoin dont l'exclusion est proposée ; il n'a pas, en effet, à statuer sur la valeur du reproche, qui sera appréciée par le conseil, soit avant, soit par l'arrêté jugeant au fond.

Le refus de signer sa déposition n'entraîne pour le témoin aucune pénalité.

Art. 33.

Communication du procès-verbal. — L'article 33 accorde aux parties qui n'ont pas assisté à l'enquête un délai, que fixe le conseil de préfecture, pour prendre connaissance du procès-verbal.

Avertissement leur est donné, à cet effet, dans la forme prescrite pour les notifications par l'article 7.

Les parties qui ont assisté à l'enquête peuvent également prendre au greffe communication du procès-verbal.

Art. 34.

Enquêtes en matière électorale. — L'article 34 tranche dans le sens de l'affirmative la question de savoir si les dispositions de la loi du 22 juillet 1889 relatives aux enquêtes sont applicables en matière électorale.

Jusqu'ici la jurisprudence du Conseil d'État admettait que les dispositions du Code de procédure civile ne sont pas applicables à ces enquêtes spéciales ; elle les considérait comme de simples éléments d'information, dont le juge pouvait tracer les règles et apprécier les résultats. Une seule condition était formellement exigée : c'était que l'enquête, quelle que fût sa forme, eût le caractère contradictoire.

Ainsi les témoins n'étaient pas astreints à prêter serment (*C. d'Ét.* 21 *janvier* 1880, *Rabastens* ; 6 *mars* 1885, *Arreau*) ; ils pouvaient être entendus hors de la présence des parties, pourvu que celles-ci eussent la faculté de prendre connaissance des dépositions et d'y contredire (16 *janvier* 1885, *Sexclès* ; 8 *juin* 1889, *Douzens* 28 *juin* 1889, *Montrejeau*).

La mission de procéder aux enquêtes, en matière électorale, pouvait être confiée à des personnes choisies en dehors du conseil de préfecture, par exemple, à des membres des corps électifs : conseillers d'arrondissement ou conseillers généraux ; à des délégués de l'ordre administratif : commissaires de police (*Pelleport*, 30 *mars* 1889), sous-préfets (*sol. impl.* 27 *mars* 1885, *Saint-Affrique* ; 5 *juillet* 1889, *Estivareilles*).

Il n'en est plus de même aujourd'hui. La prestation de serment est obligatoire pour les témoins âgés de quinze ans révolus ; ceux-ci ne peuvent être entendus qu'en présence des parties, ou elles dûment convoquées ; le soin de diriger l'information ne peut être confié qu'au conseil de préfecture ou à l'un de ses membres spécialement délégué à cet effet.

Il importait, d'autre part, pour mettre en harmonie la législation, de régler d'une manière uniforme les délais dans lesquels il doit être statué au fond, après enquête, sur toutes les réclamations électorales soumises au conseil de préfecture.

L'article 51 de la loi du 22 juin 1833 fixait le délai du jugement à un mois, à partir de la réception de la protestation à la préfecture, sans que ce délai pût être prorogé, même pour les affaires qui donnent lieu à enquête ou à renvoi préjudiciel d'une question d'état devant l'autorité judiciaire. Il en résultait, la plupart du temps, que ces affaires ne pouvaient être jugées dans un délai aussi bref et que, le conseil de préfecture se trouvant dessaisi, les parties devaient s'adresser directement au Conseil d'État.

L'article 38 de la loi du 5 mai 1884 a remédié à cet inconvénient en matière d'élections municipales en disposant :

1° Que si le conseil de préfecture a rendu une première décision « ordonnant une preuve », un délai spécial d'un mois court à partir de cette décision pour le jugement définitif ;

2° Que si une question préjudicielle a été renvoyée à l'autorité judiciaire, le délai pour statuer part du jour où le jugement sur la question préjudicielle est devenu définitif.

Cette dernière disposition n'est encore applicable qu'aux élections municipales. Mais, en vertu de l'article 34 de la loi du 22 juillet 1889, le délai imparti au conseil de préfecture par l'article 38 de la loi du 5 avril 1884, pour statuer définitivement lorsqu'une enquête a été ordonnée, est applicable *à toutes les élections* sur lesquelles le conseil de préfecture est appelé à statuer au premier degré.

Je crois devoir ajouter, en ce qui concerne les élections municipales, qu'aux termes de l'article 38, paragraphe 2, de la loi du 5 avril 1884, le délai d'un mois dans lequel le conseil de préfecture doit statuer est porté à deux mois en cas de renouvellement général des conseils municipaux ou des municipalités. Dans ce dernier cas, alors même qu'il se serait écoulé plus d'un mois après le premier arrêté ordonnant une preuve, le conseil de préfecture peut encore statuer valablement tant que le délai de deux mois, à partir de l'enregistrement de la protestation, n'est pas écoulé. (*C. d'Ét.* 13 *février* 1885, *Remèze* ; 27 *mars* 1885, *Visan*.)

Notifications. — Le § 2 de l'article 34 renvoie, pour les enquêtes électorales, aux deux derniers paragraphes de l'article 44, en ce qui concerne l'emploi de la lettre recommandée, exempte de toute taxe postale, et les personnes auxquelles doivent être faites les notifications.

ART. 35.

Taxe des témoins. — La taxe des témoins qui la requièrent est faite, par arrêté du président ou du conseiller-enquêteur, conformément à l'article 14 du décret-tarif du 18 janvier 1890, sauf en matière électorale, où la procédure est gratuite.

En cette matière, les frais exposés par le conseiller-enquêteur ne pouvant être mis à la charge des parties, continueront d'être supportés par le fonds d'abonnement comme dépense générale d'administration.

ART. 36.

Interrogatoires. — Quand le conseil de préfecture arrête qu'il y a lieu d'interroger des parties, il leur fait faire, conformément à l'article 7, notification de comparaître soit à la séance publique, soit en chambre du conseil. Mais il convient de remarquer que le conseil de préfecture ne peut leur déférer le serment décisoire. Le silence de la loi à cet égard est intentionnel et confirme la jurisprudence du Conseil d'État, d'après laquelle ce serment n'est pas admis en matière de procédure administrative [1].

L'article 36 s'applique aux agents qui représentent directement les administrations parties dans un litige.

Dans les autres cas, c'est-à-dire quand ces agents sont simplement entendus pour fournir des renseignements sur une affaire, c'est à l'article 45 qu'il convient de se référer.

L'interrogatoire doit être consigné sur un procès-verbal dressé par le secrétaire-greffier.

§ 4. — DES VÉRIFICATIONS D'ÉCRITURES ET DE L'INSCRIPTION DE FAUX.

« En ce qui concerne les vérifications d'écritures et l'inscription de faux, dit l'exposé des motifs, le projet a reproduit les dispositions des articles 14 et 20 du décret du 22 juillet 1806 sur la procédure à suivre devant le Conseil d'État. »

---

1. « On n'a pas organisé la procédure à suivre pour le serment décisoire, parce que la jurisprudence du Conseil d'État, qu'il a paru sage de maintenir, a reconnu que des raisons d'ordre public s'opposent à ce que ce mode de preuve soit employé devant les juridictions administratives, où le débat s'engage presque toujours entre les agents de l'administration représentant l'intérêt public et les particuliers. » (Exposé des motifs, *Journal officiel* du 16 juin 1870.)

Art. 37.

Formes de la vérification d'écritures. — Le conseil peut nommer d'office ou sur la demande des parties un ou plusieurs experts en écriture, à l'effet de vérifier une ou plusieurs pièces de l'instruction. Il doit notifier ces choix aux parties.

Les pièces à vérifier sont déposées au greffe.

La vérification a lieu devant le conseiller désigné par le président.

Le conseiller vérificateur dresse un procès-verbal de l'opération en y joignant le rapport d'expertise.

Art. 38.

De l'inscription de faux. — En cas d'inscription de faux, le conseil de préfecture doit surseoir à statuer jusqu'à ce qu'il ait été prononcé par l'autorité judiciaire, à moins que la pièce arguée de faux ne soit écartée du débat.

TITRE III.

Des incidents.

Art. 39.

Caractère des incidents. — La demande incidente étend ou modifie le caractère de la requête introductive.

Pour être admissibles dans l'instance, les demandes incidentes doivent avoir un lien de connexité réelle avec la demande principale.

Les demandes incidentes les plus fréquentes devant les conseils de préfecture sont l'exception d'incompétence, les demandes reconventionnelles et additionnelles, l'intervention, le désistement.

La procédure à suivre sur les incidents est la même que celle de la demande principale (art. 1 à 9).

Art. 40.

De la demande en intervention. — La demande en intervention doit être admise de la part de toute partie, particulier ou personne morale qui a un intérêt dans la solution du litige.

Cette intervention est recevable jusqu'à l'arrêté définitif. Elle est jugée par le même arrêté que la demande principale.

Art. 41.

Des récusations. — Les causes de récusation devant les conseils de préfecture sont les mêmes que celles qui sont énumérées dans l'article 378 du

Code de procédure civile. Elles s'appliquent au commissaire du Gouvernement comme aux juges et sans qu'il y ait lieu de tenir compte de la distinction établie au paragraphe 2 de l'article 381 du Code de procédure civile.

En effet, le commissaire du Gouvernement n'étant jamais partie principale, peut être récusé même en matière répressive.

Suivant la jurisprudence du Conseil d'État, les conseillers de préfecture ne sont pas récusables par la seule raison qu'ils auraient pris part à des mesures d'instruction.

Les récusations doivent être proposées avant l'ouverture des débats.

Vous remarquerez, Monsieur le Préfet, que, la loi du 22 juillet 1889 ne déclarant applicables que les dispositions des articles 378 à 389 du Code de procédure civile, le conseil de préfecture n'a pas qualité pour appliquer l'amende prévue par l'article 390 contre la partie dont la requête à fin de récusation n'aurait pas été déclarée admissible.

L'arrêté statuant sur une demande de récusation ne peut être attaqué devant la juridiction d'appel qu'en même temps que l'arrêt statuant sur le litige.

Art. 42.

Du désistement. — Le désistement emporte renonciation au fond même du droit invoqué devant le conseil.

A la différence des règles établies pour la juridiction civile, il n'y a pas, en matière administrative, de désistement portant seulement sur la procédure.

Le désistement est assujetti aux mêmes règles que la requête introductive, quant au timbre et à la production des copies.

Le représentant d'une partie ou d'une administration publique doit, pour consentir le désistement, être porteur d'un mandat spécial.

Le conseil donne acte du désistement, s'il est pur et simple.

TITRE IV.

Du jugement.

Art. 43.

De la confection du rôle. — Bien que la loi ne l'exige pas expressément, le président doit, conformément à un usage généralement suivi, s'entendre avec le commissaire du Gouvernement pour la confection du rôle.

Il convient de laisser à ce fonctionnaire un délai suffisant pour préparer les conclusions qu'il est appelé à formuler sur toutes les affaires, aux termes de l'article 46 de la loi.

Art. 44.

Convocation à l'audience. — La notification du jour où l'affaire sera portée en séance publique doit être faite aux parties quatre jours au moins avant cette séance [1]. Elle est obligatoire dans toutes les instances, sauf pour celles qui sont limitativement énumérées dans l'article 44 : contributions directes, taxes assimilées, élections et contraventions.

En ce qui concerne ces dernières instances, on continuera d'appliquer l'ancienne règle de procédure, qui n'exige la convocation à l'audience que lorsque les parties ont déclaré leur intention de présenter des observations orales.

En cas de constitution d'un mandataire ou d'un défenseur, c'est à ces derniers que le secrétaire-greffier doit adresser les notifications.

Si les réclamants, en matière électorale, n'ont pas de mandataire ou de défenseur commun, il suffit que la notification soit adressée au premier signataire de la réclamation.

Mais la même règle ne semble pas pouvoir être suivie à défaut d'une disposition expresse de la loi, lorsqu'il y a plusieurs défendeurs. Les défendeurs en matière électorale peuvent avoir des intérêts opposés et, s'ils ont individuellement demandé à être entendus, il conviendra de continuer à les convoquer par avertissements séparés.

La lettre recommandée qui remplace la notification de l'article 7 pour certaines matières spéciales est envoyée sous bande, avec le contreseing du président, aux parties domiciliées dans le département ; si elles sont domiciliées hors du département, la lettre leur est transmise par l'intermédiaire du préfet du département qu'elles habitent.

L'envoi doit être fait de manière à ce que, malgré le retard qu'entraîne cette transmission, la convocation parvienne à la partie quatre jours francs avant la séance.

ART. 45.

Des débats. Conclusions nouvelles. — Après le rapport, les parties peuvent formuler des observations orales à l'appui de leurs conclusions écrites.

« Mais elles ne sont admises à présenter à l'audience aucune conclusion nouvelle, aucun moyen nouveau, ou du moins le conseil de préfecture ne peut les accueillir sans ordonner un supplément d'instruction.

« C'est une des conséquences nécessaires du caractère de la procédure devant les conseils de préfecture, qui est d'être essentiellement écrite. On ne peut pas admettre que le débat soit inopinément transformé à l'audience ; autrement la partie adverse pourrait être victime de surprises.

« Les administrations publiques qui ont à défendre leurs intérêts devant les conseils de préfecture, n'auraient pas la possibilité de répondre à des demandes nouvelles ou fondées sur de nouvelles causes, qui ne peuvent être appréciées que par les agents qui ont la compétence voulue ou par

---

1. Le délai de 4 jours est un délai franc. Ainsi, lorsque l'audience a lieu le 6, la convocation doit être adressée aux intéressés le 1er du même mois (*C. d'État* 27 *novembre* 1885, *Lesparre*).

les chefs qui dirigent le service. » (Rapport de M. Léon Clément au Sénat, le 17 janvier 1889.)

Ces dispositions ne font d'ailleurs que consacrer la jurisprudence du Conseil d'État, formelle à cet égard.

Les conclusions nouvelles ou les moyens nouveaux ne peuvent être admis qu'après une instruction dans les formes tracées par le titre Ier de la loi.

Il va sans dire que, pour être recevables, ces conclusions nouvelles doivent être formulées dans les délais prescrits par les lois spéciales.

Audition des agents de l'administration. — Le droit d'appeler à l'audience, pour fournir des explications, les agents des administrations compétentes, sans être contesté, n'était pas dans l'usage ordinaire des conseils de préfecture, particulièrement en ce qui touche les agents des contributions directes. Dans sa circulaire du 1er février 1890, le Directeur général de ce service limite le droit de convocation aux agents de son administration en résidence au chef-lieu du département. Bien que cette limitation ne soit pas écrite dans la loi, elle se justifie par l'avantage d'éviter des déplacements onéreux et un débat direct entre les agents taxateurs et les contribuables.

Art. 46.

Conclusions du commissaire du Gouvernement. — A la différence de ce qui se passe devant les tribunaux civils pour le ministère public, le commissaire du Gouvernement est appelé à donner ses conclusions dans toutes les affaires ; organe de la loi, il parle après les parties.

Les fonctions de commissaire du Gouvernement sont remplies par le secrétaire général, ou, en cas d'empêchement, par un des membres du conseil de préfecture, dont il y aura lieu d'assurer le remplacement sur le siège par la désignation d'un suppléant, si le conseil se trouve réduit à moins de trois membres.

Art. 47.

Conditions de validité de l'arrêté. — Les arrêtés doivent être, à peine de nullité, rendus par un nombre impair de conseillers.

Dans le cas où quatre membres du conseil de préfecture auraient assisté à l'audience, le président veillera à ce que les trois membres qui auront été désignés pour siéger dans l'affaire prennent seuls part au délibéré.

Suppléance. — Si le conseil est réduit à moins de trois membres, il devra se compléter dans les conditions prévues par l'arrêté du 19 fructidor an IX. La décision mentionnera le nom du conseiller général qui aura été désigné comme suppléant, ainsi que les circonstances qui justifient sa présence. (*C. d'État 23 janvier 1880, ministre de l'intérieur contre Mesrine ; 20 avril 1883, Département du Jura contre Besson.*)

Aucune condition d'aptitude spéciale n'est exigée des conseillers généraux, remplaçants éventuels. (*C. d'État* 13 *février* 1885, *Cambia* ; 8 *mai* 1885, *Rosazia* ; 19 *juin* 1885, *Pietrosella*.)

Le conseil n'est pas non plus astreint à suivre l'ordre d'ancienneté des conseillers généraux et, s'il lui est interdit de choisir des conseillers généraux faisant partie des tribunaux comme membres titulaires ou suppléants, il a la faculté de s'adjoindre des auxiliaires de ces tribunaux, tels que des greffiers ou des avoués. (*C. d'État* 24 *août* 1849, *Saint-Julien-Chapteuil*.)

Si le délibéré ne comporte pas de discussion, il pourra avoir lieu à l'audience même, le président recueillant l'avis de ses collègues après les conclusions du commissaire du Gouvernement.

ART. 48.

Forme des arrêtés. — L'article 48 reproduit les dispositions de l'article 13 du décret du 12 juillet 1865, en ce qui concerne les mentions que doivent porter les arrêtés des conseils de préfecture.

La jurisprudence a plusieurs fois fait application de ces dispositions, et le Conseil d'État annule, pour vice de forme, les arrêtés des conseils de préfecture qui ne mentionnent pas soit la publicité de la séance (7 *novembre* 1884, *Origny-en-Tiérache*), lors même qu'il résulterait de l'instruction que l'arrêté attaqué a été rendu en séance publique ; soit les conclusions de l'une des parties (23 *décembre* 1881, *Alléguen*), soit le nombre ou les noms des membres qui ont siégé (9 *janvier* 1880, *Keller* ; 6 *février* 1880, *Maugars et Guibouret*).

Je vous rappelle également, Monsieur le Préfet, que les arrêtés des conseils de préfecture doivent être motivés. C'est là un principe applicable à toutes les juridictions.

Chaque chef de demande admis ou rejeté doit être spécialement motivé ; l'inobservation de cette règle entraînerait l'annulation de l'arrêté de ce chef. (*C. d'État* 6 *mars* 1872, *Revel*.)

Mais il n'est pas nécessaire que les arrêtés soient motivés longuement ; ils peuvent l'être d'une manière sommaire, à la condition toutefois qu'aucun doute ne puisse subsister sur l'intention qui a dicté sa décision au tribunal administratif. Cependant les conseils de préfecture ne constituant qu'un premier degré de juridiction, il est utile que le juge d'appel puisse se rendre compte, par la lecture de la décision attaquée, des raisons de fait ou de droit sur lesquelles elle se fonde. Vous voudrez donc bien, Monsieur le Préfet, inviter le conseil de préfecture à s'abstenir des formules trop vagues ou trop concises que j'ai parfois relevées dans les décisions au sujet desquelles je suis appelé à fournir des observations devant le Conseil d'État.

J'attire enfin votre attention sur une disposition nouvelle : l'obligation de reproduire textuellement les dispositions légales appliquées en matière répressive.

Cette prescription est empruntée aux articles 163, 195 et 869 du Code d'instruction criminelle. Elle était appliquée par la jurisprudence du Conseil d'État antérieurement au décret du 12 juillet 1865 (21 *avril* 1830, *Dupuy*) ;

mais, depuis cette époque, il n'avait pas paru que le nouveau règlement eût maintenu cette obligation. Désormais, le défaut de reproduction textuelle des dispositions pénales appliquées par un arrêté entraînerait la nullité en la forme de cette décision.

Art. 49.

Conservation et garde des arrêtés. — L'article 49, relatif à la conservation et à la garde des minutes des décisions, ne reproduit pas la disposition de l'article 16 du décret du 12 juillet 1865, qui prescrivait la transcription des arrêtés sur un registre tenu par le secrétaire-greffier, sous la surveillance du président.

Mais, si la tenue de ce registre n'est plus obligatoire, elle est cependant utile, car les arrêtés écrits sur feuilles volantes peuvent s'égarer. Je vous engage donc à continuer de vous conformer à l'ancien usage, qui n'est pas d'ailleurs interdit par la loi. Toutefois, il avait été jugé, même sous l'empire de l'ancienne législation, que la transcription de l'arrêté sur le registre du secrétaire-greffier est une simple mesure d'ordre, dont l'inobservation ne saurait entacher de nullité la décision elle-même. (*C. d'État* 28 *novembre* 1873, *Grandet ;* 19 *mai* 1882, *Darolle.*)

C'est le secrétaire-greffier qui est chargé de rendre aux parties, contre récépissé, les pièces versées par elles et dont le conseil n'aurait pas ordonné l'annexion à la minute de l'arrêté. C'est également lui qui donne aux intéressés communication des arrêtés.

Exécution des décisions. — Les décisions des conseils de préfecture emportent l'hypothèque judiciaire et les voies d'exécution de droit commun, conformément aux dispositions du livre V, titre 8 et suivants du Code de procédure civile.

Elles sont exécutoires par elles-mêmes sans formule, ni mandement [1], et nonobstant appel, sauf les exceptions prévues en matière électorale.

Sursis à l'exécution. — Toutefois, l'article 24 de la loi du 24 mai 1872 sur l'organisation du Conseil d'État permet aux conseils de préfecture de « subordonner l'exécution de leurs décisions, en cas de recours, à la charge dé donner caution ou de justifier d'une solvabilité suffisante », en observant, pour la présentation de la caution, les formalités édictées par les articles 440 et 441 du Code de procédure civile.

L'administration peut d'ailleurs toujours s'abstenir de poursuivre l'exécution immédiate des décisions rendues en sa faveur.

L'exécution est poursuivie, à la diligence des intéressés, après signification à la partie condamnée.

Le conseil de préfecture ne connaît pas, en général, de l'exécution de ses

---

1. Sauf pour les arrêtés d'apurement des comptes qui sont de la compétence des conseils de préfecture. La formule, inscrite dans l'article 434 du décret du 31 mai 1862, est applicable à ces décisions.

arrêtés. Toutefois, il y aurait lieu de faire exception à cette règle, si l'exécution nécessitait une interprétation de la décision.

ART. 50.

Police de l'audience. — Le législateur a voulu « que les justiciables trouvent le rappel des règles de droit commun, qui assurent le bon ordre des audiences, dans la loi même qui leur accorde, d'une manière plus générale que par le passé, le droit de s'y présenter et d'y être entendus ». (Rapport de M. Léon Clément au Sénat, 17 janvier 1889.)

A cet effet, l'article 50 de la loi du 22 juillet 1889 a reproduit l'article 13 de la loi du 21 juin 1865 relatif à la police des audiences. De cette manière la nouvelle loi sur la procédure forme un code complet et qui se suffit à lui-même.

Les droits de police attribués au président et au conseil pour maintenir la dignité des audiences ne sont pas, vous le remarquerez, Monsieur le Préfet, aussi étendus que ceux qui sont réservés aux tribunaux ordinaires. Ainsi, le président du conseil de préfecture peut, dans l'intérêt de l'ordre, faire application de toutes les dispositions des articles 85, 88, 89, 90, 91 et 92 du Code de procédure civile et de celles de l'article 41 de la loi du 29 juillet 1881, qui consacrent l'immunité des comptes rendus, des discours et des écrits judiciaires, ou qui permettent au tribunaux d'ordonner la suppression des discours injurieux, outrageants ou diffamatoires. Cette suppression peut être prononcée soit d'office, soit sur la demande des parties.

Mais le conseil de préfecture ne peut, à raison de ces faits, allouer des dommages-intérêts. Si les parties en réclament, le conseil de préfecture ne peut que leur donner acte de cette demande pour être suivie devant le tribunal compétent.

Avocats et avoués. — Il ne peut également prononcer contre les avocats et les officiers ministériels en cause une peine disciplinaire.

A ce sujet, je crois utile d'attirer plus particulièrement votre attention, Monsieur le Préfet, sur la situation que la nouvelle loi fait aux avocats et officiers ministériels qui représentent les parties devant les conseils de préfecture.

L'esprit général de la loi du 22 juillet 1889 a été de leur faire une situation privilégiée, que justifient le caractère dont ils sont revêtus et la discipline spéciale à laquelle ils sont assujettis.

Ainsi, aux termes de l'article 8, les avocats et avoués sont dispensés de justifier d'un mandat spécial [1] pour représenter les parties ; ils peuvent obtenir la communication des pièces avec déplacement. Ils ne peuvent être condam-

---

1. Une circulaire de l'un de mes prédécesseurs, en date du 18 mai 1888, que vous trouverez reproduite aux annexes de la présente instruction, a, en conséquence, invité les conseils de préfecture à s'abstenir, dans leurs arrêtés, de qualifier de *mandataires* aussi bien les avocats près les cours et tribunaux que les avocats attachés au Conseil d'État et à la Cour de cassation.

nés, pour délits commis à l'audience, aux peines portées par les articles 88, 89, 91 et 92 du Code de procédure civile contre les simples assistants qui troublent les débats.

Le Conseil d'État a décidé, sous l'empire de la législation antérieure (5 mars 1886, *Legré*), que les avocats exerçant leur ministère devant les conseils de préfecture doivent, devant cette juridiction comme devant toute autre, être considérés comme les auxiliaires de la justice.

Si un avocat ou un officier ministériel se laissait aller à des actes répréhensibles de nature grave, le conseil devrait, après l'avoir rappelé à l'ordre, non pas prononcer une peine disciplinaire, mais se borner à constater les faits dans un procès-verbal, qui serait transmis ensuite à la juridiction compétente.

Il résulte, en effet, des déclarations expresses du rapporteur de la loi au Sénat que le conseil de préfecture, devant lequel un avocat ou un avoué peut ne se présenter que très accidentellement, n'a plus le droit de lui interdire l'exercice de sa profession devant la cour ou le tribunal auquel il est attaché. Cette interdiction eût été d'autant plus grave que l'appel des décisions du conseil de préfecture n'est pas en général suspensif, comme je le rappelais précédemment.

Mandataires. — Si les parties se défendent elles-mêmes ou se font défendre par un mandataire autre qu'un avocat ou un avoué, les dispositions de l'article 85 du Code de procédure civile sont applicables sans restriction.

Art. 51.

Expédition des arrêtés. — Le décret du 12 juillet 1865, dont les dispositions vous ont été rappelées par la circulaire de mon prédécesseur, en date du 27 juin 1873, maintenait au secrétaire général le soin de délivrer exclusivement expédition des décisions. La loi nouvelle transfère cette attribution au secrétaire-greffier, qui a la garde des minutes; cette règle, conforme à celle suivie devant les tribunaux ordinaires, abroge expressément les recommandations dont je viens de faire mention.

La signature du secrétaire-greffier devra donc figurer seule à l'avenir sur les expéditions des arrêtés. Mais les pouvoirs conférés au secrétaire général de la préfecture par l'article 7 de la loi du 28 pluviôse an VIII, qui lui attribue la garde générale des papiers et la signature des expéditions, subsistent, sauf l'exception spéciale apportée par la nouvelle loi.

Forme des expéditions. — Les expéditions doivent être délivrées sur timbre (art. 80 de la loi du 15 mai 1818), sauf les exceptions prévues en matière électorale et de contributions directes. Les premières expéditions sont exemptes des droits de copie (art. 37 de la loi du 7 messidor an II et avis du Conseil d'État du 18 août 1807). Les secondes ou ultérieures expéditions sont assujetties à la perception d'une rétribution de 75 centimes par rôle; ces droits sont versés dans la caisse du département au titre des produits éventuels.

Notification des arrêtés. — L'article 51 établit une distinction entre les arrêtés qui doivent être notifiés dans la forme administrative et ceux qui sont signifiés par exploit d'huissier.

Décisions intéressant l'État. — La notification dans la forme administrative est obligatoire :

1° Quand l'État a été en cause dans l'instance ;

2° Lorsque le conseil de préfecture a prononcé en matière répressive.

Dans ces deux cas, une expédition est délivrée sur papier libre, au préfet, représentant l'État. La notification est faite aux parties intéressées par les agents que choisit le préfet et dans les formes établies par l'article 7.

Cette notification contient le texte complet de l'arrêté. Mais ce mode spécial de notification ne fait pas obstacle au droit que conservent les parties de faire signifier l'arrêté par exploit d'huissier.

Cette dernière forme de notification est d'ailleurs celle qu'impose la loi dans tous les autres cas, sauf ce qui sera dit plus loin en matière d'élections et de contributions.

Signification par exploit d'huissier. — La signification par huissier suppose la délivrance, sur la demande des parties, d'expéditions sur timbre de l'arrêté. Elle est assujettie aux prescriptions des articles 61 et 1039 du Code de procédure civile.

Décisions intéressant le département et les communes. — Les dispositions de l'article 51 ne paraissent pas interdire l'usage antérieur de délivrer au préfet une expédition sur papier libre des arrêtés intéressant le département et les communes. Le préfet les communique aux intéressés dans la forme administrative. Le maintien de cet usage ne lèse aucun droit, il assure l'exécution de l'arrêté et est conforme aux principes généraux qui confèrent au préfet la représentation du département et la tutelle des communes.

Toutefois, la notification par ministère d'huissier fait seule courir le délai d'appel à l'égard des départements, des communes et des établissements publics, comme à l'égard des parties privées.

Notification des décisions en matière de contributions directes. — L'article 51 ne change rien au mode de notification des arrêtés en matière de contributions directes et de taxes assimilées, ni en matière électorale.

La circulaire du Directeur général des contributions directes du 1er février 1890 dit à ce propos, en ce qui concerne les indications que la notification doit contenir :

« J'insiste sur la nécessité de consigner, dans les lettres d'avis donnant notification du rejet total ou partiel des réclamations, tous les renseignements voulus pour que les contribuables se rendent exactement compte des motifs et de la portée des décisions ainsi rendues et pour qu'ils soient mis à même d'introduire des pourvois en parfaite connaissance de cause. Ces lettres d'avis devront porter à leur connaissance les dispositions des articles 57 et 58. »

La notification des arrêtés relatifs à des taxes, même incomplètement assimilées, doit être également faite dans la forme administrative. Ni l'article 44, ni l'article 51 ne font de différence entre les deux catégories de taxes, et le second de ces articles se borne à disposer qu'il n'est pas dérogé aux règles établies pour la notification des décisions en matière de contributions directes ou de taxes assimilées.

D'autre part, ces matières ne comportent pas de dépens : un texte précis serait donc nécessaire pour justifier une exception à cette règle générale.

Notification en matière électorale. — Les arrêtés des conseils de préfecture statuant en matière électorale doivent être notifiés par les soins du préfet, sur papier libre et *dans leur intégralité.*

Dans quelques départements, on s'est borné parfois à donner aux parties une analyse sommaire de la décision. Cette manière de procéder est irrégulière ; elle ne permet pas, en cas de recours, de joindre au pourvoi une expédition authentique de la décision attaquée et de satisfaire ainsi aux prescriptions de l'article 1er du décret du 22 juillet 1806.

Or, la jurisprudence du Conseil d'État paraît fixée en ce sens que les requérants sont tenus de joindre au recours la copie certifiée de l'arrêté du conseil de préfecture, même rendu à l'occasion d'élections municipales, bien que l'article 40 de la loi du 5 avril 1884 prescrive au préfet de joindre au dossier, avec les défenses et les pièces de l'affaire, une expédition de l'arrêté (3 *février* 1885, *Confolens* ; 10 *mai* 1889, *Saint-Denis-de-Palin* ; 8 *juin* 1889, *Gaillazos*).

Lorsque la protestation n'a été formée que dans un intérêt public, la notification de l'arrêté peut être faite à l'un des protestataires seulement et fait courir contre tous les autres le délai d'appel au Conseil d'État. Mais lorsque la réclamation avait pour objet un intérêt personnel, l'arrêté du conseil de préfecture doit être notifié individuellement à tous les signataires ayant un intérêt distinct dans l'instance (3 *juillet* 1885, *Tralonca*).

Par application de la même règle, la notification de l'arrêté doit être faite à chacun des candidats proclamés dont l'élection est annulée.

Si toutefois le même arrêté contient des dispositions et des considérants distincts, en ce qui concerne certains candidats, il n'est pas nécessaire de notifier à chacun d'eux la partie de la décision qui lui est étrangère. De même, il n'est pas indispensable, pour les arrêtés qui ont statué à la fois sur plusieurs protestations connexes, de notifier la décision *in extenso* aux divers protestataires. Il suffit de leur transmettre la partie de l'arrêté qui les intéresse exclusivement.

A qui les notifications doivent-elles être faites ? — Sauf ces réserves, et d'une manière générale, les notifications et significations doivent être faites à toutes les parties ayant un intérêt distinct dans l'instance ; les personnes morales sont représentées, suivant le cas, par le préfet, le maire, le directeur, le gérant ou le syndic.

Les notifications et significations sont faites au domicile réel des parties ou à leur personne. Pour faire courir le délai d'appel, il est nécessaire qu'elles soient effectuées à la requête de la partie intéressée.

TITRE V.

De l'opposition et du recours devant le Conseil d'État.

Art. 52 et 53.

De l'opposition. Caractère des arrêtés par défaut. — Les arrêtés sont non contradictoires ou rendus par défaut quand une partie, régulièrement mise en cause, ne s'est pas défendue.

Comme la procédure écrite est seule admise devant les conseils de préfecture, le défaut résulte exclusivement de l'absence de défenses écrites, et non de l'absence de conclusions orales. Par contre, de simples observations orales, non accompagnées de conclusions écrites, ne suffisent pas pour rendre l'arrêté contradictoire.

Délai d'opposition. — L'opposition n'est recevable que pendant un mois, à dater de là notification à la partie défaillante de l'arrêté non contradictoire.

Ce délai ne court et n'emporte déchéance à son expiration que si la notification de l'arrêté au défendeur contient la mention du délai d'opposition qui lui est ouvert.

L'opposition doit être formée suivant la procédure indiquée aux articles 1 à 4 de la loi pour les requêtes introductives.

De l'opposition en matière électorale. — En matière électorale, l'opposition est recevable contre les arrêtés des conseils de préfecture rendus par défaut (*C. d'État* 14 *février* 1879, *Aucozein*; 24 *juin* 1889, *Montrejeau*). Mais comme, aux termes de l'article 38 de la loi du 5 avril 1884 et de l'article 51 de la loi du 22 juin 1833, les décisions du conseil de préfecture relatives aux élections des conseillers municipaux, des maires et des adjoints ou des conseillers d'arrondissement, doivent intervenir dans le délai d'un mois ou de deux mois au plus, sauf dans les cas spéciaux limitativement prévus, l'opposition doit être formée et jugée dans ce même délai, qui court du dépôt de la réclamation primitive au greffe. Autrement, le conseil de préfecture est dessaisi. Les arrêtés rendus sur opposition en matière électorale sont donc fort rares et c'est le plus souvent le Conseil d'État qui statue.

Dans tous les cas, en pareille matière, les décisions des conseils de préfecture ne peuvent être attaquées par la voie de la tierce opposition. (*C. d'État* 18 *juillet* 1838, *Lézignan.*)

De l'opposition en cas de non-communication du rapport d'expertise. — Le paragraphe 2 de l'article 53 établit une exception spéciale à la règle qui n'ouvre la voie de l'opposition qu'à défaut de mémoire écrit du défendeur. Cette exception se produit quand les parties n'ont pas eu communication d'un rapport d'expertise ; elles sont alors autorisées à former l'opposition, même quand l'arrêté aurait été rendu sur défenses écrites à la requête introductive.

Cette règle s'applique[1] aussi bien au demandeur originaire qu'au défendeur.

« En effet, dit à ce sujet le rapporteur du Sénat, l'expertise exerce le plus souvent une influence considérable sur la décision du conseil et il est équitable de réserver aux parties le droit de la discuter devant lui, si on ne les avait pas mises en mesure d'en prendre connaissance dans la forme prescrite par l'article 21. »

L'assistance des parties à l'expertise n'est pas suffisante pour rendre l'arrêté contradictoire. Toutefois, le droit de former opposition tomberait s'il était établi que la partie non touchée par la notification a eu communication du rapport d'expertise. Il en serait de même, et à plus forte raison, si la partie avait répondu au rapport, bien que cette pièce ne lui eût pas été communiquée dans les formes de l'article 21.

ART. 54.

Du défaut profit-joint. — La procédure établie par l'article 54 est empruntée à l'article 153 du Code de procédure civile, qui règle ce qu'on appelle le défaut profit-joint.

Quand la requête introductive met en cause plusieurs parties et que l'une ou plusieurs d'entre elles ne présentent pas de mémoire en défense, le Conseil met les défaillants en demeure de produire leur défense, par une notification dans la forme prescrite par l'article 7.

Le délai de production oblige le conseil de préfecture à surseoir au jugement. S'il statuait avant l'expiration du délai, par lui-même imparti, son arrêté serait nul (*Cass.* 3 *mai* 1859). Mais, une fois le délai expiré et quel qu'ait été le résultat de la mise en demeure, le Conseil de préfecture prononce par un seul arrêté qui doit être tenu pour contradictoire au regard de toutes les parties.

De l'exécution provisoire des arrêtés par défaut. — « En matière administrative, l'exécution provisoire peut être commandée par les exigences du service public ; il importe donc de laisser toujours au juge le droit de la prononcer. » (Rapport de M. Léon Clément au Sénat.)

Ainsi il appartient au conseil de préfecture d'ordonner, suivant les circonstances, l'exécution provisoire des arrêtés rendus par défaut, bien qu'en principe ces décisions ne puissent être exécutées pendant la durée du délai d'opposition.

La décision du conseil à cet égard est insérée dans l'arrêté qui statue non contradictoirement.

ART. 56.

De la tierce opposition. — La tierce opposition est une voie de recours ouverte à toute partie contre une décision qui préjudicie à ses droits et lors de laquelle ni elle, ni ceux qu'elle représente n'ont été appelés.

---

1. Sauf en matière de contributions directes (Instruction du 1er février 1890).

La tierce opposition serait toutefois non recevable si la partie qui la propose avait acquiescé à l'arrêté qu'elle attaque ou l'avait exécuté.

Aucun délai n'est imparti pour former la tierce opposition.

Requête civile. — « La loi de 1889 n'avait pas à s'occuper de la procédure en requête civile qui n'a d'objet que contre les jugements rendus en dernier ressort ; or, les arrêtés des conseils de préfecture sont toujours susceptibles d'appel. » (Rapport de M. Léon Clément au Sénat.)

ART. 57 et 58.

Du recours devant le Conseil d'État. — Les articles 57 à 61 règlent la procédure d'appel devant le Conseil d'État. Les conseils de préfecture n'ont pas à en faire l'application ; néanmoins il nous paraît utile de vous donner, Monsieur le Préfet, quelques indications à cet égard, puisque l'administration a qualité, dans certaines conditions, pour faire appel et que vous êtes chargé vous-même de former les dossiers des recours en matière d'élections et de contributions directes.

Tous les arrêtés rendus par les conseils de préfecture en matière contentieuse peuvent être attaqués devant le Conseil d'État.

Délai d'appel. — Le délai d'appel est réduit à deux mois par la loi du 22 juillet 1889 ; il était en général de trois mois, en vertu de l'article 11 du décret du 22 juillet 1806.

En matière électorale. — Par exception, le délai de recours n'est que d'un mois contre les arrêtés rendus en matière d'élections de conseillers municipaux, de maires ou d'adjoints (art. 40 de la loi du 5 avril 1884). La jurisprudence du Conseil d'État a fixé également à un mois le délai des recours relatifs aux élections des délégués sénatoriaux (9 *janvier* 1885, *Sainte-Bazeille*). Mais la règle générale, qui réduit désormais le délai d'appel à deux mois, s'applique aux recours formés contre les arrêtés des conseils de préfecture statuant sur des élections de conseillers d'arrondissement. (*C. d'État* 8 *mars* 1890, *Serres* ; 22 *mars* 1890, *Mareuil-sur-Lay* ; 3 *mai* 1890, *Craon.*)

En effet, les articles 53 et 54 de la loi du 22 juin 1833 n'avaient fixé aucun délai pour l'introduction des pourvois relatifs aux élections départementales et, si on leur avait appliqué autrefois le droit commun résultant de l'article 11 du décret du 22 juillet 1806, la même raison rend applicable aujourd'hui à ces recours l'article 57 de la loi du 22 juillet 1889.

Arrêtés par défaut. — La voie d'appel n'est ouverte contre les arrêtés rendus par défaut qu'après l'expiration du délai d'opposition.

Le délai est de deux mois, comme pour les recours formés contre les arrêtés contradictoires.

Le délai général de trois mois résultant du règlement du 22 juillet 1806 continue néanmoins d'être en vigueur pour tous les recours formés devant le Conseil d'État, lorsqu'ils ne sont pas dirigés contre les arrêtés contentieux des conseils de préfecture.

Le délai de deux mois fixé par l'article 57 est augmenté, conformément à l'article 73 du Code de procédure civile, modifié par la loi du 3 mai 1862, lorsque le requérant est domicilié hors de la France continentale. L'article 1er de la loi du 11 juin 1859 est donc abrogé en ce qui concerne les pourvois formés contre des arrêtés de conseils de préfecture par des habitants de la Corse et de l'Algérie.

Art. 59.

Notification faisant courir le délai d'appel. — Le délai d'appel court, d'une manière générale, à partir de la notification des arrêtés des conseils de préfecture (art. 57).

Toutefois, en ce qui concerne l'État ou les administrations représentées par le préfet, il n'est pas nécessaire que la notification soit faite à ce fonctionnaire pour faire courir le délai. Le préfet est réputé avoir connaissance de la décision à dater du jour où lui-même en a fait la notification aux parties. Il serait, en effet, inutile d'exiger que, dans ce cas, une notification spéciale lui fût faite.

Appel en matière de contraventions. — Le paragraphe 2 de l'article 59, sanctionnant la jurisprudence du Conseil d'État, fait courir le délai d'appel contre l'administration, en matière répressive, de la date de l'arrêté, et non de la notification.

Recours du ministre. — Vous n'ignorez pas, Monsieur le Préfet, qu'en matière électorale, la jurisprudence admet la recevabilité du recours du ministre, lors même que l'administration n'était pas partie dans l'instance primitive.

Le ministre de l'intérieur peut déférer au Conseil d'État les arrêtés des conseils de préfecture, soit qu'ils aient maintenu, soit qu'ils aient annulé les élections (*C. d'État* 9 *décembre* 1871, *Artigueloutan;* 9 *juillet* 1875, *Fontenet;* 2 *mars* 1883, *Ajaccio*). Antérieurement à la loi du 5 avril 1884, ce droit pouvait, bien qu'exceptionnellement, s'exercer d'une manière utile, puisque le Conseil d'État ne faisait partir le délai, qui était alors de trois mois, que de la connaissance que le ministre avait eue de l'affaire par l'enregistrement du dossier dans les bureaux de son administration.

Mais de récentes décisions du Conseil d'État (14 *novembre* 1884, *Peone;* 29 *janvier* 1885, *Caychax;* 20 *février* 1885, *Veynes*), tout en reconnaissant en principe au ministre qualité pour se pourvoir contre les décisions rendues par les conseils de préfecture en matière électorale, ont appliqué à son recours le délai général de l'article 40 de la loi du 5 avril 1884 qui est d'un mois seulement, en faisant partir ce délai du jour même où l'arrêté a été rendu. Il en résulte qu'en fait le ministre ne peut recourir utilement que s'il est saisi à bref délai du dossier.

Je crois donc devoir vous inviter, Monsieur le Préfet, toutes les fois que vous jugerez qu'il y a intérêt à ce qu'un recours soit formé directement par moi, à me donner immédiatement connaissance de la décision qui vous paraîtrait susceptible d'être réformée.

Tel sera le cas, lorsque n'ayant pas été vous-même partie dans l'instance et ne pouvant, par suite, introduire un pourvoi en votre nom personnel, vous estimerez qu'il y a un intérêt public à faire réformer une décision de votre conseil de préfecture, par exemple si, les délais de protestation étant expirés, un conseil municipal se trouvait avoir un nombre de membres supérieur à l'effectif légal. (*C. d'État* 7 *avril* 1876, *Polveroso.*)

Cette règle devra être d'ailleurs suivie dans tous les cas où les ministres ont le droit de former un recours au Conseil d'État contre des arrêtés de conseils de préfecture. Ainsi, mon collègue des travaux publics, par une circulaire du 22 août 1889, que vous trouverez reproduite aux annexes de la présente instruction, vous recommande d'apporter la diligence nécessaire pour que les propositions de pourvoi lui parviennent en temps utile.

ART. 60.

Appel des arrêtés préparatoires et interlocutoires. — Je crois utile de rappeler ici les dispositions du Code de procédure civile qui établissent la distinction entre les jugements simplement préparatoires et les jugements interlocutoires, distinction que l'article 60 rend applicable aux recours formés contre les décisions des conseils de préfecture.

« Sont réputés préparatoires les jugements rendus pour l'instruction de la cause et qui tendent à mettre le procès en état de recevoir un jugement définitif.

« Sont réputés interlocutoires les jugements rendus lorsque le tribunal ordonne, avant dire droit, une preuve, une vérification ou une instruction qui préjuge le fond.

« L'appel d'un jugement préparatoire ne pourra être interjeté qu'après le jugement-définitif et conjointement avec l'appel de ce jugement, et le délai de l'appel ne courra que du jour de la signification du jugement définitif; cet appel sera recevable encore que le jugement préparatoire ait été exécuté sans réserves.

« L'appel d'un jugement interlocutoire pourra être interjeté avant le jugement définitif; il en sera de même des jugements qui auraient accordé une provision. » (C. pr. civ., art. 451 et 452.)

Sans qu'il y ait lieu d'établir une énumération des jugements préparatoires et interlocutoires en matière administrative, je me bornerai à rappeler que, d'après une jurisprudence constante du Conseil d'État (23 *janvier* 1880, *Lannemaigneau;* 31 *juillet* 1885, *Mugron*) qui vient d'être confirmée sous l'empire de la loi du 22 juillet 1889 (24 *juillet* 1890, *Saint-Dié*), les arrêtés des conseils de préfecture ordonnant une enquête électorale doivent être considérés comme purement préparatoires et ne peuvent, dès lors, ouvrir la voie du recours qu'après l'arrêté définitif.

Art. 61.

Recours dispensés de frais. — Reproduisant et généralisant les dispositions antérieures de diverses lois spéciales, l'article 61 dispense de tous frais, notamment de timbre et d'enregistrement ainsi que de l'intervention d'un avocat au Conseil d'État, les recours formés en matière :

1° De contributions directes et de taxes assimilées, sans distinction entre ces taxes ;

2° D'élections ;

3° De contraventions aux lois et règlements sur la grande voirie et autres contraventions dont la répression appartient au conseil de préfecture, ainsi que d'anticipation sur les chemins vicinaux.

Pour les élections et contraventions, ainsi que pour les prestations en nature sur les chemins vicinaux, cette exemption est absolue ; mais en matière de contributions directes et de taxes assimilées, la règle générale continuera d'être applicable. L'exemption du droit de timbre n'est admise que lorsque la cote contestée est moindre de 30 fr.

L'article 61 contient, en outre, en ce qui concerne le dépôt du recours sur les matières qu'il vise spécialement et qui viennent d'être énumérées ci-dessus, des règles nouvelles sur lesquelles je crois devoir appeler votre attention.

Dans tous ces cas, le recours peut être déposé soit au secrétariat du contentieux du Conseil d'État, soit à la préfecture, soit à la sous-préfecture. L'article 61 substitue ainsi une règle uniforme aux dispositions des diverses lois, dont les unes n'admettaient le dépôt du pourvoi qu'à la préfecture ou à la sous-préfecture, et les autres qu'au Conseil d'État.

Lorsque le recours est déposé à la préfecture ou à la sous-préfecture, il est essentiel qu'il soit immédiatement frappé du timbre d'arrivée. Mais si l'article 61 vous prescrit, Monsieur le Préfet, de transmettre ensuite les recours au Conseil d'État, cette disposition ne déroge pas aux règles spéciales en vertu desquelles vous devez procéder préalablement à l'instruction sur place, comme en matière de contributions directes et d'élections municipales. Pour ce dernier cas, vous devez, en outre, continuer de vous conformer aux prescriptions de la circulaire du 10 avril 1884 et m'adresser les dossiers avec votre avis, pour être transmis par mes soins au Conseil d'État.

TITRE VI.

Des dépens.

Art. 62.

Des dépens. — La partie qui succombe est condamnée aux dépens de l'instance, c'est-à-dire au paiement des frais que l'adversaire a été « légalement obligé d'exposer ». (Rapport au Sénat.) C'est là l'application du principe général posé par l'article 130 du Code de procédure civile.

Mais les dépens ne sont alloués que s'ils sont demandés.

Comme celle qui succombe, la partie qui se désiste doit supporter la charge des dépens.

Toutefois, les dépens peuvent être compensés en tout ou en partie si la prétention des demandeurs n'est pas admise intégralement.

Les dépens peuvent être également mis solidairement à la charge de toutes les parties à raison des frais d'une instruction prescrite dans leur intérêt commun, telle qu'une expertise ordonnée d'office, une enquête, un interrogatoire, une visite des lieux.

Il n'est pas accordé de dépens en matière de contributions directes. L'administration ou le réclamant supportent uniquement les frais prévus par les lois du 21 avril 1832 et du 29 décembre 1884.

Art. 63.

Des dépens en matière de contraventions. — La partie condamnée sur un procès-verbal supporte les frais de timbre et d'enregistrement de ce procès-verbal.

La partie relaxée en est seule dispensée.

Condamnations contre l'État et les administrations. — Quand l'administration agit, non dans un intérêt pécuniaire, mais comme représentant la puissance publique, elle ne peut être condamnée aux dépens. (*Cass.* 10 *novembre* 1852 ; 21 *mars* 1854.)

Il en est autrement lorsque la contestation porte soit sur le domaine de l'État, soit sur l'exécution de marchés passés pour un service public, soit sur la réparation de dommages pour laquelle les conseils de préfecture ont compétence.

Art. 64.

Nature des dépens. — L'article 64 donne limitativement l'énumération des dépens. Ils ne peuvent comprendre que les frais de timbre ou d'enregistrement, les frais de copie des requêtes ou mémoires, les frais d'expertise, d'enquête et autres mesures d'instruction, et les frais de signification de la décision. Le tarif des dépens a été fixé par le décret du 18 janvier 1890 rendu dans la forme des règlements d'administration publique et annexé à la présente instruction.

Les conseils de préfecture devront donc se reporter à ce document pour la taxe. Je crois devoir seulement appeler leur attention sur un point.

L'article 1er du décret détermine le taux des frais de copie des requêtes, mémoires et *pièces y annexées*. Ces derniers mots ne me paraissent pas pouvoir être interprétés en ce sens que les parties soient obligées de fournir des copies de toutes les pièces produites à l'appui de leurs requêtes ; cette obligation serait d'ailleurs en opposition avec les dispositions des articles 3 et 8 de la loi. Le décret n'a donc pu avoir en vue que l'application du tarif aux copies des rapports prévus par son article 4.

Liquidation des dépens. — La liquidation des dépens est faite par l'arrêté qui statue sur le litige. Si l'état de ces dépens n'a pas été soumis en temps utile au conseil de préfecture, la liquidation est opérée par arrêté du président.

Cet arrêté peut, d'ailleurs, être contesté suivant une procédure analogue à celle qui a été indiquée sous l'article 23. Toutefois, deux différences importantes doivent être signalées : le président ne peut statuer que le rapporteur entendu, et le délai d'opposition est porté à huit jours.

Telles sont, Monsieur le Préfet, les observations générales que m'a paru comporter la loi du 22 juillet 1889.

J'ai dû me borner à vous signaler les principales innovations qu'elle apporte à la législation antérieure, les lacunes qu'elle a comblées et les points sur lesquels elle a confirmé les règles anciennes.

Dans cette énumération, je n'ai pu aborder les difficultés de détail auxquelles peut donner lieu l'application de la loi nouvelle. Ces difficultés se trouveront résolues au fur et à mesure par la jurisprudence du Conseil d'État. Si, en attendant, vous éprouviez des doutes sur l'interprétation à donner à telle ou telle disposition spéciale, je continuerai, comme par le passé, à vous fournir, ainsi qu'à vos collègues, les explications que vous jugerez à propos de me demander, en vous rappelant toutefois que ces explications ne sauraient avoir que la valeur de simples avis. Les conseils de préfecture sont des tribunaux régulièrement organisés et leur indépendance, comme leur responsabilité, doivent rester entières.

La nouvelle loi leur confère, en même temps que des pouvoirs mieux définis, une action plus efficace pour l'accomplissement de la mission que leur attribue notre organisation administrative. Ils sauront en user, je n'en doute pas, dans l'intérêt public comme dans celui des justiciables.

Vous voudrez bien m'accuser réception de la présente circulaire, dont je vous adresse un nombre suffisant pour que vous puissiez en remettre un exemplaire à votre secrétaire général, au secrétaire-greffier et à chacun des conseillers de préfecture et des sous-préfets de votre département.

Recevez, Monsieur le Préfet, l'assurance de ma considération la plus distinguée.

Le Ministre de l'intérieur,
CONSTANS.

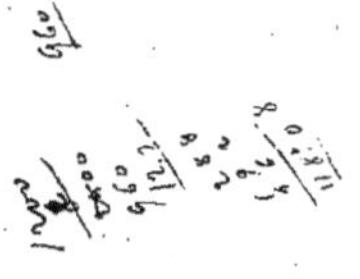